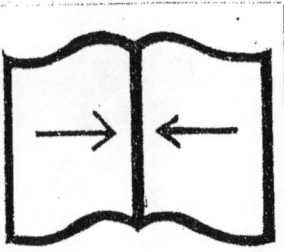

RELIURE SERREE
Absence de marges
intérieures

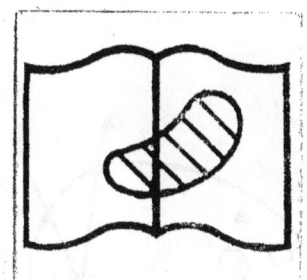

Illisibilité partielle

Début d'une série de documents
en couleur

VALABLE POUR TOUT OU PARTIE
DU DOCUMENT REPRODUIT

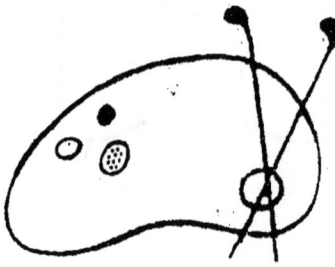

Fin d'une série de documents en couleur

ŒUVRES
DE
M. DE BALZAC.

LE LIVRE MYSTIQUE.

IMPRIMERIE DE P. BAUDOUIN,
RUE MIGNON, 2.

LE
LIVRE MYSTIQUE

PAR

M. DE BALZAC.

—

SÉRAPHITA.

(Extrait des Études Philosophiques.)

—

II.

PARIS.
WERDET, LIBRAIRE-ÉDITEUR,
49, rue de Seine-St-Germain.

1ᵉʳ DÉCEMBRE 1835.

DÉDICACE.

à Madame Eveline de Hanska, née
comtesse Rzewuska.

Madame,

Voici l'œuvre que vous m'avez demandée. Je suis heureux, en vous la dédiant, de pouvoir vous donner un témoignage de la respectueuse affection que vous m'avez permis de vous porter. Si je suis accusé d'impuissance après avoir tenté d'arracher aux profondeurs de la mysticité ce livre qui, sous la transparence de notre belle langue, voulait les lumineuses poésies de l'Orient, à vous la faute ! Ne m'avez-vous pas ordonné cette lutte, semblable à celle de Jacob, en me disant que le plus imparfait dessin de cette figure par vous rêvée, comme elle le fut par moi dès l'enfance, serait encore pour vous quelque chose. Le voici donc ce quèlque chose ! Pourquoi cette œuvre ne peut-elle pas appartenir exclusivement à ces nobles esprits préservés, comme vous l'êtes, des petitesses mondaines par la solitude ; ceux-là sauraient lui rendre la mélodieuse mesure dont elle est privée, et qui en aurait fait entre les mains d'un de nos poètes la glorieuse épopée dont la France est encore privée. Ceux-là l'accepteront de moi comme une de ces balustrades sculptées par quelque artiste plein de foi, et sur lesquelles les pèlerins s'appuient pour méditer la fin de l'homme en contemplant le chœur d'une belle église.

Je suis avec respect,

Madame,

Votre dévoué serviteur,

de Balzac.

Paris, 23 Août 1835.

SÉRAPHÎTA.

SÉRAPHÎTÜS.

A voir sur une carte les côtes de la Norwége, quelle imagination ne serait émerveillée de leurs fantasques découpures, et de cette longue dentelle de granit où mugissent incessamment les flots de la mer du Nord? Qui n'a rêvé les majestueux spectacles offerts par ces rivages sans grèves, par cette multitude de criques, d'anses, de petites baies dont aucune ne se ressemble, et qui toutes sont des abîmes sans chemins? Ne dirait-on pas que la nature s'est plu à dessiner par d'ineffaçables hiéroglyphes le symbole de la vie norwégienne, en donnant à ces côtes la configuration des arêtes d'un immense poisson; car la pêche forme le principal commerce et fournit presque toute la nourriture de quelques hommes attachés comme une touffe de lichen à ces arides rochers? Là, sur quatorze degrés de longueur, à peine existe-t-il sept cent mille ames. Grâce aux périls dénués de gloire, aux neiges constantes que réservent aux voyageurs ces pics de la Norwége, dont le nom donne froid déjà, leurs sublimes beautés sont restées vierges et s'harmönieront aux phénomènes humains, vierges encore, pour la poésie du moins, qui s'y sont accomplis, et dont voici l'histoire.

Lorsqu'une de ces baies, simple fissure aux yeux des aigles, est assez ouverte pour que la mer ne gèle pas entièrement dans cette prison de pierre où elle se débat, les gens du pays nomment ce petit golfe un *fiord*, mot que presque tous les géographes ont essayé de naturaliser dans leurs langues respectives. Malgré la ressemblance qu'ont entre eux ces espèces de canaux, chacun a sa physionomie particulière : partout la mer est violemment entrée dans leurs cassures, mais partout les rochers s'y sont diversement fendus, et leurs tumultueux précipices défient les termes bizarres de la géométrie ; ici, le roc s'est dentelé comme une scie ; là, ses tables trop droites ne souffrent ni le séjour de la neige, ni les sublimes aigrettes des sapins du nord ; plus loin, les commotions du globe ont arrondi quelque sinuosité coquette, belle vallée que meublent par étages des arbres au noir plumage ; vous seriez tenté de nommer ce pays la Suisse des mers. Entre Drontheim et Christiana se trouve une de ces baies, nommée le

Stromfiord. Si le Stromfiord n'est pas le plus beau de ces paysages, il a du moins le mérite de résumer les magnificences terrestres de la Norwége, et d'avoir servi de théâtre aux scènes d'une histoire toute céleste.

La forme générale du Stromfiord est au premier aspect celle d'un entonnoir ébréché par la mer. Le passage que les flots s'y étaient ouvert présente à l'œil l'image d'une lutte entre l'Océan et le granit, deux créations également puissantes, l'une par son inertie, l'autre par sa mobilité. Pour preuve, quelques écueils de formes fantastiques en défendent l'entrée aux vaisseaux. Les intrépides enfans de la Norwége peuvent, en quelques endroits, sauter d'un roc à un autre sans s'étonner d'un abîme profond de cent toises, large de six pieds. Tantôt un frêle et chancelant morceau de gneiss, jeté en travers, unit deux rochers. Tantôt les chasseurs ou les pêcheurs ont lancé des sapins, en guise de pont, pour joindre les deux quais taillés à pic au fond desquels gronde incessamment la mer. Ce dangereux goulet se dirige vers la droite par un mouvement de serpent, y rencontre une montagne élevée de trois cents toises au-dessus du niveau de la mer, et dont les pieds forment un banc vertical d'une demi-lieue de longueur où l'inflexible granit ne commence à se briser, à se crevasser, à s'onduler qu'à deux cents pieds environ au-dessus des eaux. Entrant avec violence, la mer est donc repoussée avec une violence égale par la terrible force d'inertie de la montagne vers les bords opposés auxquels les réactions du flot ont imprimé de douces courbures. Le Fiord est fermé dans le fond par un bloc de gneiss couronné de forêts, d'où tombe en cascades une rivière qui à la fonte des neiges devient un fleuve, forme une nappe d'une immense étendue, s'échappe avec fracas en vomissant de vieux sapins et d'antiques mélèzes, aperçus à peine dans la chute des eaux. Vigoureusement plongés au fond du golfe, ces arbres reparaissent bientôt à sa surface, s'y marient et construisent des îlots qui viennent échouer sur la rive gauche, où les habitans du petit village assis au bord du Stromfiord, les retrouvent brisés, fracassés, quelquefois entiers, mais toujours nus et sans branches. La montagne qui dans le Stromfiord reçoit à ses pieds les assauts de la mer et à sa cime ceux des vents du nord, se nomme le Falberg. Sa crête, toujours enveloppée d'un manteau de neige et de glace, est la plus aiguë de la Norwége, où le voisinage du pôle produit, à une hauteur de dix-huit cents pieds, un froid égal à celui qui règne sur les montagnes les plus élevées du globe. La cime de ce rocher, droite vers la mer, s'abaisse graduellement vers l'est et se joint aux chutes de la Sieg par des vallées disposées en gradins sur lesquels le froid ne laisse venir que des bruyères et des arbres souffrans. La partie du Fiord d'où s'échappent les eaux, sous les pieds de la forêt, s'appelle le Siegdalhen, mot qui pourrait être traduit par *le versant de la Sieg*, nom de la rivière. La courbure qui fait face aux tables du Falberg est la vallée de Jarvis, joli paysage dominé par des collines chargées de sapins, de mélèzes, de bouleaux, de quelques chênes et de hêtres, la plus riche, la mieux colorée de toutes les tapisseries que la nature du nord ait tendues sur ses âpres rochers. Là, l'œil pouvait facilement saisir la ligne où les terrains réchauffés par les rayons solaires commencent à souffrir la culture et laissent apparaître les végétations de la Flore norwégienne. En cet endroit, le golfe est assez large pour que la mer, refoulée par le Falberg, vienne expirer en murmurant sur la dernière frange de ces collines, rive doucement bordée d'un sable fin, parsemé de mica, de paillettes, de jolis cailloux, de porphyres, de marbres aux mille nuances amenés de la Suède par les eaux de la rivière, et de débris marins, de coquillages, fleurs de la mer que poussent les tempêtes, soit du pôle, soit du midi.

Au bas des montagnes de Jarvis se trouve le village composé de deux cents maisons de bois, où vit une population perdue là, comme dans une forêt ces ruches d'abeilles qui, sans augmenter ni diminuer, végètent heureuses, en butinant leur vie au sein d'une sauvage nature. L'existence anonyme de ce village s'explique facilement. Peu d'hommes avaient la hardiesse de s'aventurer dans les rescifs pour gagner les bords de la mer et s'y livrer à la pêche que font en grand les Norwégiens sur les côtes moins dangereuses. Les nombreux poissons du Fiord suffisent en partie à la nourriture de ses habitans ; les pâturages des vallées leur donnent du lait et du beurre; puis quelques terrains excellens leur permettent de récolter du seigle, du chanvre, des légumes qu'ils savent défendre, et contre les rigueurs du froid, et contre l'ardeur passagère, mais terrible de leur soleil, avec toute l'habileté que déploie le Norwégien dans cette double lutte. Le défaut de communications, soit par terre où les chemins sont impraticables, soit par mer où de faibles barques peuvent seules parvenir à travers les défilés maritimes du Fiord, les empêche de s'enrichir en tirant parti de leurs bois. Il faudrait des sommes aussi énormes pour déblayer le chenal du golfe, que pour s'ouvrir une voie dans l'intérieur des terres. Les routes de Christiana à Drontheim tournent toutes le Stromfiord, et passent la Sieg sur un pont situé à plusieurs lieues de sa chute. La côte, entre la vallée de Jarvis et

Drontheim, est garnie d'immenses forêts inabordables, enfin le Falberg se trouve également séparé de Christiana par d'inaccessibles précipices. Le village de Jarvis aurait peut-être pu communiquer avec la Norwége intérieure et la Suède par la Sieg ; mais pour être mis en rapport avec la civilisation, le Stromfiord voulait un homme de génie, et ce génie parut en effet : ce fut un poëte, un Suédois religieux qui mourut en admirant et respectant les beautés de ce pays, comme un des plus magnifiques ouvrages du Créateur.

Maintenant, les hommes doués par l'étude de cette vue intérieure dont les véloces perceptions amènent tour à tour dans l'ame comme sur une toile les paysages les plus contrastans du globe, peuvent facilement embrasser l'ensemble du Stromfiord. Eux seuls, peut-être, sauront s'engager dans les tortueux rescifs du goulet où se débat la mer, fuir avec ses flots le long des tables

éternelles du Falberg dont les pyramides
blanches se confondent avec les nuées brumeuses d'un ciel presque toujours gris de
perle; admirer la jolie nappe échancrée du
golfe; y entendre les chutes de la Sieg qui
pend en longs filets et tombe sur un abattis
pittoresque de beaux arbres confusément épars, debout ou couchés parmi des fragmens
de gneiss ; puis, se reposer sur les rians tableaux que présentent les collines abaissées
de Jarvis d'où s'élancent les plus riches végétaux du nord, par familles, par myriades :
ici, des bouleaux gracieux comme des jeunes
filles et penchés comme elles; là des colonnades de hêtres aux fûts centenaires et moussus ; tous les contrastes des différens verts,
de blanches nuées parmi les sapins noirs,
des landes de bruyères pourprées et nuancées
à l'infini, enfin toutes les couleurs, tous les
parfums de cette Flore aux merveilles ignorées. Étendez les proportions de ces amphi-

théâtres, élancez-vous dans les nuages, perdez-vous dans le creux des roches où reposent les chiens de mer, votre pensée n'atteindra ni à la richesse, ni aux poésies de ce site norwégien ! Votre pensée pourrait-elle être aussi grande que l'océan qui le borne, aussi capricieuse que les fantastiques figures dessinées par ses forêts, ses nuages, ses ombres, et par les changemens de sa lumière ? Voyez-vous, au-dessus des prairies de la plage, sur le dernier pli de terrain qui s'ondule en bas des hautes collines de Jarvis, deux ou trois cents maisons couvertes en *næver*, espèce de couvertures faites avec l'écorce du bouleau, maisons toutes frêles, plates, et qui ressemblent à des vers à soie sur une feuille de mûrier jetée là par les vents ? Au-dessus de ces humbles, de ces paisibles demeures est une église construite avec une simplicité qui s'harmonie à la misère du village. Un cimetière entoure le chevet de cette église, et plus loin se trouve le presbytère. Encore plus haut, sur une bosse de la montagne est située une habitation, la seule qui soit en pierre, et que pour cette raison les habitans ont nommée le château du Suédois. En effet, un homme riche vint de Suède, trente ans avant le jour où cette histoire commence, et s'établit à Jarvis dont il s'efforça d'améliorer la fortune. Cette petite maison, construite dans le but d'engager les habitans à s'en bâtir de semblables, était remarquable par sa solidité, par un mur d'enceinte, chose rare en Norwége, où, malgré l'abondance des pierres, l'on se sert de bois pour toutes les clôtures, même pour celles des champs. La maison ainsi garantie des neiges s'élevait sur un tertre, au milieu d'une cour immense. Les fenêtres en étaient abritées par ces auvens d'une saillie prodigieuse appuyés sur de grands sapins équarris qui donnent aux constructions du nord une espèce de physionomie patriarchale. Sous ces abris, il était facile d'apercevoir les sauvages nudités du Falberg, de comparer l'infini de la pleine mer à la goutte d'eau du golfe écumeux, d'écouter les vastes épanchemens de la Sieg dont la nappe semblait de loin immobile en tombant dans sa coupe de granit, bordée sur trois lieues de tour par les glaciers du nord, enfin tout le paysage où vont se passer les surnaturels et simples évémens de cette histoire.

L'hiver de 1799 à 1800 fut un des plus rudes dont les Européens aient gardé le souvenir. La mer de Norwége se prit entièrement dans les Fiords où la violence du ressac l'empêche ordinairement de geler. Un vent dont les effets ressemblaient à ceux du levantis espagnol, avait balayé la glace du Stromfiord en repoussant les neiges vers le fond du golfe. Depuis long-temps il n'avait pas été permis aux gens de Jarvis de voir en hiver le vaste

miroir des eaux réfléchissant les couleurs du
ciel, spectacle curieux au sein de ces montagnes dont tous les accidens étaient nivelés
sous les couches successives de la neige, et où
les plus vives arêtes comme les vallons les plus
creux ne formaient que de faibles plis dans
l'immense tunique jetée par la nature sur ce
paysage, alors tristement éclatant et monotone. Les longues nappes de la Sieg, subitement glacées, décrivaient une énorme arcade sous laquelle les habitans eussent pu
passer à l'abri des tourbillons, si quelques uns
d'entre eux eussent été assez hardis pour
s'aventurer dans le pays. Mais les dangers de
la moindre course retenaient au logis les plus
intrépides chasseurs qui craignaient de ne
plus reconnaître sous la neige les étroits passages pratiqués au bord des précipices, des
crevasses ou des versans. Aussi nulle créature
n'animait-elle ce désert blanc où régnait la
bise du pôle, seule voix qui résonnât en

de rares momens. Le ciel, presque toujours grisâtre, donnait au lac les teintes de l'acier bruni. Peut-être un vieil eider traversait-il parfois impunément l'espace à l'aide du chaud duvet sous lequel glissent les songes des riches, dont aucun ne soupçonne par combien de dangers cette plume s'achète? Mais, semblable au Bedouin qui sillonne seul les sables de l'Afrique, l'oiseau n'était ni vu ni entendu; l'atmosphère engourdie, privée de ses communications électriques, ne répétait ni le sifflement de ses ailes, ni ses joyeux cris. Quel œil assez vif eût d'ailleurs pu soutenir l'éclat de ce précipice garni de cristaux étincelans, et les rigides reflets des neiges, à peine irisées à leurs sommets par les rayons d'un pâle soleil qui apparaissait par momens, comme un moribond jaloux d'attester sa vie? Souvent, lorsque des amas de nuées grises, chassées par escadrons à travers les montagnes et les sapins, cachaient le ciel

sous de triples voiles, la terre, à défaut de
lueurs célestes, s'éclairait par elle-même. Là
donc se rencontraient toutes les majestés du
froid éternellement assis sur le pôle, et dont
le principal caractère est le royal silence au
sein duquel vivent les monarques absolus.
Tout principe extrême porte en soi l'apparence d'une négation, et les symptômes de
la mort : la vie n'est-elle pas le combat de
deux forces? Là, rien ne trahissait la vie.
Une seule puissance, la force improductive de
la glace, régnait sans contradiction. Le bruis-
sement de la pleine mer agitée n'arrivait
même pas dans ce muet bassin, si bruyant
durant les trois courtes saisons où la nature
se hâte de produire les chétives récoltes nécessaires à la vie de ce peuple patient. Quelques hauts sapins élevaient leurs noires pyramides chargées de festons neigeux, et la forme
de leurs rameaux à barbes inclinées com-
plétait le deuil de ces cimes où, d'ailleurs,

ils n'apparaissaient que comme des points bruns. Chaque famille restait au coin du feu, dans une maison soigneusement close, fournie de biscuits, de beurre fondu, de poisson sec, de provisions faites à l'avance pour les sept mois d'hiver. A peine voyait-on la fumée de ces habitations. Presque toutes sont ensevelies sous les neiges, contre le poids desquelles elles sont néanmoins préservées par de longues planches qui partent du toit et vont s'attacher à une grande distance sur de solides poteaux en formant un chemin couvert autour de la maison. Pendant ces terribles hivers, les femmes tissent et teignent les étoffes de laine ou de toile dont se font les vêtemens; tandis que la plupart des hommes lisent ou se livrent à ces prodigieuses méditations qui ont enfanté les profondes théories, les rêves mystiques du nord, ses croyances, ses études si complètes sur un point de la science fouillée comme avec une sonde; mœurs à demi monastiques qui forcent l'ame à réagir sur elle-même, à y trouver sa nourriture, et qui font du paysan norwégien un être à part dans la population européenne. Dans la première année du dix-neuvième siècle, et vers le milieu du mois de mai, tel était donc l'état du Stromfjord.

Par une matinée où le soleil éclatait au sein de ce paysage en y allumant les feux de tous les diamans éphémères produits par les cristallisations de la neige et des glaces, deux personnes passèrent sur le golfe, le traversèrent et volèrent le long des bases du Falberg, vers le sommet duquel elles s'élevèrent de frise en frise. Était-ce deux créatures, était-ce deux flèches? Qui les eût vues à cette hauteur les aurait prises pour deux eiders cinglant de conserve à travers les nuées. Ni le pêcheur le plus superstitieux, ni le chasseur le plus intrépide n'eût attribué à des créatures humaines le pouvoir de se tenir le long des faibles lignes tracées sur les flancs du granit, où ce couple glissait néanmoins avec l'effrayante dextérité que possèdent les somnambules quand, ayant oublié toutes les conditions de leur pesanteur et les dangers de la moindre déviation, ils courent au bord des toits en gardant leur équilibre sous l'empire d'une force inconnue.

— Arrête-moi, Séraphîtus, dit une pâle jeune fille, et laisse-moi respirer. Je n'ai voulu regarder que toi en côtoyant les murailles de ce gouffre ; autrement, que serais-je devenue ? Mais aussi ne suis-je qu'une bien faible créature. Te fatigué-je ?

— Non, dit l'être sur le bras duquel elle s'appuyait. Allons toujours, Minna ? la place où nous sommes n'est pas assez solide pour nous y arrêter.

De nouveau, tous deux firent siffler sur la neige de longues planches attachées à leurs pieds, et parvinrent sur la première plinthe que le hasard avait franchement dessinée sur les pans de cet abîme. La personne que Minna nommait Séraphîtüs s'appuya sur son talon droit pour relever la planche longue d'environ une toise, étroite comme un pied d'enfant, et qui était attachée à son brodequin par deux courroies en cuir de chien marin. Cette planche épaisse de deux doigts était doublée en peau de renne dont le poil, en se hérissant sur la neige, arrêta soudain Séraphîtüs; il ramena son pied gauche, dont le patin n'avait pas moins de deux toises de longueur, tourna lestement sur lui-même, vint saisir sa peureuse compagne, l'enleva, malgré les longs patins dont ses pieds étaient également armés, et l'assit sur un quartier de roche, après en avoir balayé la neige d'un coup de pelisse.

— Ici, Minna, tu es en sûreté, tu pourras y trembler à ton aise.

— Nous sommes déjà montés au tiers du

Bonnet de glace, dit-elle en regardant le pic auquel elle donna le nom populaire sous lequel on le connaît en Norwége. Je ne le crois pas encore.

Mais, trop essoufflée pour parler davantage, elle sourit à Séraphîtüs qui, sans répondre, la tenait dans ses bras en écoutant, la main posée sur son cœur, de sonores palpitations aussi précipitées que celles d'un jeune oiseau surpris.

— Il bat souvent aussi vite sans que j'aie couru, dit-elle.

Séraphîtüs inclina la tête sans dédain ni froideur. Malgré la grâce dont ce mouvement était empreint, il n'en trahissait pas moins une négation qui, chez une femme, eût été d'une enivrante coquetterie. Séraphîtüs pressa vivement la jeune fille. Minna prit cette caresse pour une réponse, et continua de le contempler. Au moment où Séraphitüs releva la tête en rejetant en arrière, par un geste presque impatient, les rouleaux dorés de sa chevelure, afin de se découvrir le front, il vit du bonheur dans les yeux de sa compagne.

— Oui, Minna, dit-il d'une voix toute paternelle et charmante chez un être encore adolescent, regarde-moi, n'abaisse pas la vue.

— Pourquoi?

— Tu veux savoir? essaie.

Minna jeta vivement un regard à ses pieds et cria soudain comme un enfant qui aurait rencontré un tigre. L'horrible sentiment des abîmes l'avait envahie, et ce seul coup d'œil avait suffi pour lui en communiquer la contagion. Le Fiord, jaloux de sa proie, avait une grande voix par laquelle il l'étourdissait en tintant à ses oreilles, comme pour la dévorer plus sûrement en s'interposant entre elle et la vie. Puis, de ses cheveux à ses pieds, le long de son dos, tomba un frisson glacial d'abord, mais qui bientôt lui versa dans les nerfs une insupportable chaleur, battit dans ses veines, et brisa toutes ses extrémités par des atteintes électriques semblables à celles que cause le contact de la torpille. Trop faible pour résister, elle se sentait attirée, par une force inconnue, en bas de cette table où elle croyait voir quelque monstre qui lui lançait son venin, un monstre dont les yeux magnétiques la charmaient, et dont la gueule ouverte semblait broyer sa pâture par avance.

— Je meurs, mon Séraphîtüs, n'ayant aimé que toi, dit-elle en faisant un mouvement machinal pour se précipiter.

Séraphîtüs lui souffla doucement sur le front et sur les yeux. Tout à coup, semblable au voyageur délassé par un bain, Minna n'eut plus que la mémoire de ses vives douleurs déjà dissipées par cette haleine caressante qui pénétra son corps, et l'inonda de balsamiques effluves, aussi rapidement que le souffle avait traversé l'air.

— Qui donc es-tu? dit-elle avec un sentiment de terreur douce. Mais je le sais, tu es ma vie. — Comment peux-tu regarder ce gouffre sans mourir? reprit-elle après une pause.

Séraphîtüs laissa Minna cramponnée au granit, et s'alla poser, comme eût fait une ombre, sur le bord de la table d'où ses yeux plongèrent au fond du Fiord, en en défiant l'éblouissante profondeur. Son corps ne vacilla point, son front resta blanc et impassible comme celui d'une statue de marbre. Abîme contre abîme.

— Séraphîtüs, si tu m'aimes, reviens! cria la jeune fille. Ton danger me rend mes douleurs. — Qui donc es-tu pour avoir cette force surhumaine à ton âge, lui demanda-t-elle en se sentant de nouveau dans ses bras.

— Mais, répondit Séraphîtüs, tu regardes sans peur des espaces encore plus immenses? Et, de son doigt levé, cet être singulier lui montra l'auréole bleue que les nuages dessinaient en laissant un espace clair au-dessus de leurs têtes.

— Quelle différence! dit-elle en souriant.

— Tu as raison, répondit-il, nous sommes nés pour tendre au ciel. La patrie, comme le visage d'une mère, n'effraie jamais un enfant.

Sa voix vibra dans les entrailles de sa compagne, devenue muette.

— Allons, viens, reprit-il.

Et tous les deux s'élancèrent sur les faibles sentiers tracés le long de la montagne, en y dévorant les distances, et volant d'étage en étage, de ligne en ligne, avec la rapidité dont est doué le cheval arabe, cet oiseau du désert. En quelques momens ils atteignirent un tapis d'herbes, de mousses et de fleurs, sur lequel personne ne s'était encore assis.

— Le joli *sœler !* dit Minna en donnant à cette prairie son véritable nom, mais comment se trouve-t-il à cette hauteur?

— Là cessent, il est vrai, les végétations de la Flore norwégienne, dit Séraphîtüs; mais s'il se rencontre ici quelques herbes et des fleurs, elles sont dues à ce rocher qui les garantit contre le froid du nord.—Mets cette touffe dans ton sein, Minna, dit-il en arrachant une fleur, prends cette suave création qu'aucun œil humain n'a vue encore, et garde cette fleur unique comme un souvenir de cette matinée unique dans ta vie! Non, tu ne trouveras plus de guide pour te mener à ce sœler.

Et il lui donna soudain une plante hybride que ses yeux d'aigle lui avaient fait apercevoir parmi des silènes acaulis et des saxifrages, véritable merveille éclose sous le souffle des anges. Minna saisit avec un empressement enfantin la touffe d'un vert transparent et brillant comme celui de l'émeraude, formée par de petites feuilles roulées en cornet, d'un brun clair au fond, mais qui, de teinte en teinte, devenaient vertes à leurs pointes partagées en découpures d'une délicatesse infinie. Ces feuilles étaient si pressées qu'elles semblaient se confondre, et produisaient une foule de jolies rosaces. Çà et là, sur ce tapis, s'élevaient des étoiles blanches, bordées d'un filet d'or, du sein desquelles sortaient des anthères pourprées, sans pistil. Une odeur qui tenait à la fois de celle des roses et des calices de l'oranger, mais fugitive et sauvage, achevait de donner je ne sais quoi de céleste à cette fleur mystérieuse que Séraphîtüs contemplait avec mélancolie, comme si la senteur lui eût exprimé de plaintives idées dont il comprenait le langage. Mais, à Minna, ce phénomène inouï parut être un caprice par lequel la nature s'était plue à douer quelques pierreries de la fraîcheur, de la mollesse et du parfum des plantes.

— Pourquoi serait-elle unique? Elle ne se reproduira donc plus? dit la jeune fille à Séraphîtüs, qui rougit et changea brusquement de conversation.

— Asseyons-nous, retourne-toi, vois ! A cette hauteur, peut-être, ne trembleras-tu point? Les abîmes sont assez profonds pour que tu n'en distingues plus la profondeur ; ils ont acquis la perspective unie de la mer, le vague des nuages, la couleur du ciel : la glace du Fiord est une assez jolie turquoise, tu n'aperçois les forêts de sapins que comme de légères lignes de bistre ; pour vous, les abîmes doivent être parés ainsi.

Séraphîtüs jeta ces paroles avec cette onction dans l'accent et le geste connue seulement de ceux qui sont parvenus au sommet des hautes montagnes du globe, et contractée si involontairement que le maître le plus orgueilleux se trouve obligé de traiter son guide en frère, et ne s'en croit le supérieur qu'en s'abaissant vers les vallées où demeurent les hommes. Il défaisait les patins de Minna, aux pieds de laquelle il s'était agenouillé. L'enfant ne s'en apercevait pas, tant elle s'émerveillait du spectacle imposant que présente la vue de la Norwége dont elle pouvait embrasser d'un seul coup d'œil les longs rochers ; tant elle était émue par la solennelle permanence dont ses cimes froides donnent une idée que les paroles ne peuvent exprimer.

— Nous ne sommes pas venus ici par la seule force humaine, dit-elle en joignant les mains, je rêve sans doute.

— Vous appelez surnaturels les faits dont vous ne voyez pas les causes, répondit-il.

— Tes réponses, dit-elle, sont toujours empreintes de je ne sais quelle profondeur. Près de toi, je comprends tout sans effort. Ah ! je suis libre.

— Tu n'a plus tes patins, voilà tout.

— Oh! dit-elle, moi qui aurais voulu délier les tiens en te baisant les pieds.

— Garde ces paroles pour Wilfrid, répondit doucement Séraphîtüs.

— Wilfrid! répéta Minna d'un ton de colère qui s'apaisa dès qu'elle eut regardé son compagnon. — Tu ne l'emportes jamais, toi! dit-elle en essayant, mais en vain, de lui prendre la main, tu es en toute chose d'une perfection désespérante.

— Alors tu en conclus que je suis insensible.

Minna fut effrayée d'un regard si lucidement jeté dans sa pensée.

— Tu nous prouves que nous nous entendons, répondit-elle avec la grâce de la femme qui aime.

Séraphîtüs agita mollement la tête en lui lançant un regard à la fois triste et doux.

— Toi qui sais tout, reprit Minna, dis-moi pourquoi la timidité que je ressentais là-bas, près de toi, s'est dissipée en montant ici ? pourquoi j'ose te regarder pour la première fois en face, tandis que là-bas, à peine osé-je te voir à la dérobée ?

— Ici, peut-être, avons-nous dépouillé les petitesses de la terre, répondit-il en défaisant quelques brandebourgs de sa pelisse.

— Jamais tu n'as été si beau, dit Minna en s'asseyant sur une roche moussue et s'abîmant dans la contemplation de l'être qui l'avait conduite sur une partie du pic qui de loin semblait inaccesible.

Jamais, à la vérité, Séraphîtüs n'avait brillé d'un si vif éclat, seule expression qui rende l'animation de son visage et l'aspect de sa personne. Cette splendeur était-elle due à la nitescence que donne au teint l'air pur des montagnes et le reflet des neiges ?

était-elle produite par le mouvement intérieur qui anime le corps à l'instant où il se repose d'une longue agitation? provenait-elle du constraste subit entre la clarté d'or projetée par un nouveau soleil, et l'obscurité des nuées à travers lesquelles ce joli couple avait passé? Peut-être à ces causes faudrait-il encore ajouter les effets d'un des plus beaux phénomènes que puisse offrir la nature humaine. Si quelque habile physiologiste eût examiné cette créature qui dans ce moment, à voir la fierté de son front et l'éclair de ses yeux, paraissait être un jeune homme de dix-sept ans ; s'il eût cherché les ressorts de sa florissante vie sous le tissu le plus blanc dont le Nord ait vêtu ses enfans, il aurait cru sans doute à l'existence d'un fluide phosphorique en des nerfs qui semblaient reluire sous l'épiderme, ou à la constante présence d'une lumière intérieure qui colorait Seraphîtüs à la manière de ces lueurs contenues dans une coupe d'albâtre. Quelque mollement effilées que fussent ses mains qu'il avait dégantées pour délier les patins de Minna, elles paraissaient avoir une force égale à celle que le Créateur a mise dans les diaphanes attaches du crabe. Les feux jaillissant de son regard d'or luttaient évidemment avec les rayons du soleil, et il semblait ne pas en recevoir, mais lui donner de la lumière. Son corps mince et grêle comme celui d'une femme, attestait une de ces natures faibles en apparence, mais dont la puissance égale toujours le désir, et qui sont fortes à temps. De taille ordinaire, Séraphîtüs se grandissait en présentant son front, comme s'il eût voulu s'élancer. Ses cheveux, bouclés par la main d'une fée, et comme soulevés par un souffle, ajoutaient à l'illusion que produisait son attitude aérienne; mais ce maintien dénué d'efforts résultait plus d'un phénomène moral que d'une habitude corporelle. L'imagination de Minna était complice de cette constante hallucination sous l'empire de laquelle chacun serait tombé, et qui prêtait à Séraphîtüs l'apparence des figures rêvées dans un heureux sommeil. Nul type connu ne pourrait donner une image, même vague, de cette figure majestueusement mâle pour Minna; mais qui, aux yeux d'un homme, eût éclipsé par sa grâce féminine, les plus belles têtes dues à Raphaël. Ce peintre des cieux a constamment mis une sorte de joie tranquille, une amoureuse suavité dans les lignes de ses beautés angéliques; mais à moins de contempler Séraphîtüs lui-même, quelle ame inventerait le voile de tristesse mêlée d'espérance qui nuançait les sentimens ineffables empreints dans ses traits? Qui saurait, même dans les fantaisies d'artiste où tout devient possible, voir les ombres que jetait une mystérieuse terreur sur ce front trop intelligent qui semblait interroger les cieux et toujours plaindre la terre? Cette tête savait planer avec dédain comme un sublime oiseau de proie dont les cris troublent l'air, et se résigner comme la tourterelle dont la voix verse la tendresse au fond des bois silencieux. Le teint de Séraphîtüs était d'une blancheur surprenante, que faisaient encore ressortir des lèvres rouges, des sourcils bruns et des cils soyeux, seuls traits qui tranchassent sur la pâleur d'un visage dont la parfaite régularité ne nuisait en rien à l'éclat des sentimens qui s'y reflétaient sans secousse ni violence, mais avec cette majestueuse et naturelle gravité dont nous aimons à douer les êtres supérieurs. Tout, dans cette figure marmorine, exprimait la force et le repos. Minna se leva pour prendre la main de Séraphîtüs, en espérant qu'elle pourrait ainsi l'attirer à elle, et déposer sur ce front séducteur un baiser arraché plus à l'admiration qu'à l'amour;

mais un regard du jeune homme, regard qui la pénétra comme un rayon de soleil traverse le prisme, glaça la pauvre fille. Elle sentit, sans le comprendre, un abîme entre eux, détourna la tête et pleura. Tout à coup une main puissante la saisit par la taille, une voix pleine de suavité lui dit : — Viens. Elle obéit, posa sa tête soudain rafraîchie sur le cœur du jeune homme, qui réglant son pas sur le sien, douce et attentive conformité, la mena vers une place d'où ils purent voir les radieuses décorations de la nature polaire.

— Avant de regarder et de t'écouter, dis-moi, Séraphîtüs, pourquoi tu me repousses? T'ai-je déplu? comment? dis. Je voudrais ne rien avoir à moi; je voudrais que mes richesses terrestres fussent à toi, comme y sont déjà les richesses de mon cœur; que la lumière ne me vînt que par tes yeux, comme ma pensée me vient de ta pensée ; je ne craindrais plus de t'offenser en te renvoyant ainsi les reflets de ton ame, les mots de ton cœur, le jour de ton jour, comme nous renvoyons à Dieu les contemplations dont il nourrit nos esprits. Je voudrais être tout toi !

— Hé bien, Minna, un désir constant est une promesse que nous fait l'avenir. Espère! Mais si tu veux être pure, mêle toujours l'idée du Tout-Puissant aux affections d'ici-bas, alors tu aimeras toutes les créatures, et ton cœur ira bien haut!

— Je ferai ce que tu voudras, répondit-elle en levant les yeux sur lui par un mouvement timide.

— Je ne saurais être ton compagnon, dit Séraphîtüs avec tristesse.

Il réprima quelques pensées, étendit les bras vers Christiana, qui se voyait comme un point à l'horizon, et dit : — Vois?

— Nous sommes bien petits, répondit-elle.

— Oui, mais nous devenons grands par

le sentiment et par l'intelligence, reprit Séraphîtüs. A nous seuls, Minna, commence la connaissance des choses ; le peu que nous apprenons des lois du monde visible nous fait découvrir l'immensité des mondes supérieurs. Je ne sais s'il est temps de te parler ainsi ; mais je voudrais tant te communiquer la flamme de mes espérances ! Peut-être serions-nous un jour ensemble, dans le monde où l'amour ne périt pas.

— Pourquoi pas maintenant et toujours? dit-elle en murmurant.

— Rien n'est stable ici, reprit-il dédaigneusement. Les passagères félicités des amours terrestres sont des lueurs qui trahissent à certaines ames l'aurore de félicités plus durables, de même que la découverte d'une loi de la nature en fait supposer, à quelques êtres privilégiés, le système entier. Notre fragile bonheur d'ici-bas n'est-il donc point l'attestation d'un autre bonheur complet, comme la terre, fragment du monde, atteste le monde? Nous ne pouvons mesurer l'orbite immense de la pensée divine, dont nous ne sommes qu'une parcelle; mais nous pouvons en pressentir l'étendue, nous agenouiller, adorer, attendre. Les hommes se trompent toujours dans leurs sciences, en ne voyant pas que tout, sur leur globe, est relatif et s'y coordonne à une révolution générale, à une production constante qui nécessairement entraîne un progrès et une fin. L'homme lui-même n'est pas une création finie, sans quoi, Dieu ne serait pas!

— Comment as-tu trouvé le temps d'apprendre tant de choses? dit la jeune fille.

— Je me souviens, répondit-il.

— Tu me sembles plus beau que tout ce que je vois, répondit-elle.

— Nous sommes un des plus grands ouvrages de Dieu. Ne nous a-t-il pas donné la faculté de réfléchir la nature, de la concentrer en nous par la pensée, et de nous en faire un marche-pied pour nous élancer vers lui? Nous nous aimons en raison du plus ou du moins de lumière que contiennent nos ames. Mais ne sois pas injuste, Minna, vois le spectacle qui s'étale à tes pieds, n'est-il pas grand? A tes pieds, l'océan se déroule comme un tapis, les montagnes sont comme les murs d'un cirque, le ciel est au-dessus comme le voile arrondi de ce théâtre, et d'ici l'on respire les pensées de Dieu comme un parfum. Vois, les tempêtes qui brisent des vaisseaux chargés d'hommes ne nous semblent, ici, que de faibles bouillonnemens, et si tu lèves la tête au-dessus de nous, tout est bleu. Voici comme un diadème d'étoiles. Ici, disparaissent les nuances des expressions terrestres. Appuyée sur cette nature subtilisée par l'espace, ne sens-tu point en toi plus de profondeur que d'esprit, n'as-tu pas plus de grandeur que d'enthousiasme, plus d'énergie que de volonté? n'éprouves-tu pas des sensations dont le corps n'est plus l'interprète. Ne te sens-tu pas des ailes? Prions.

Séraphîtüs plia le genou, se posa les mains en croix sur le sein, et Minna tomba sur ses deux genoux en pleurant. Ils restèrent ainsi pendant quelques instants. Pendant quelques instans l'auréole bleue qui s'agitait dans les cieux au-dessus de leurs têtes s'agrandit, et, à leur insu, de lumineux rayons les enveloppèrent.

— Pourquoi ne pleures-tu pas quand je pleure? lui dit Minna d'une voix entrecoupée.

—. Les esprits ne pleurent pas, répondit Séraphîtüs en se levant. Comment pleurerais-je? je ne vois plus les misères humaines. Ici, le bien éclate dans toute sa majesté; en bas, j'entends les supplications et les angoisses de la harpe des douleurs qui vibre sous les mains de l'esprit captif. D'ici, j'écoute le concert des harpes heureuses. En bas, vous avez l'espérance, ce beau commencement de la foi ; mais ici règne la foi, qui est l'espérance réalisée !

— Tu ne m'aimeras jamais, je suis trop imparfaite, tu me dédaignes, dit la jeune fille.

— Minna, la violette cachée au pied du chêne, se dit : « Le soleil ne m'aime pas, il ne vient pas. » Le soleil se dit : «Si je l'éclairais, elle périrait, cette pauvre fleur ! » Ami de la fleur, il glisse ses rayons à travers les feuilles du chêne, et les affaiblit pour colorer le calice de sa bien-aimée. Je ne me trouve pas assez de voiles et crains que tu ne me voies encore trop, tu frémirais si tu me connaissais davantage. Écoute, je suis sur la terre sans goût pour vos fruits, sans ame pour vos joies. Je comprends malheureusement tout, et, comme ces empereurs débauchés de la Rome profane, je suis arrivé au dégoût de toutes choses. Enfin, j'ai honte de moi! — Abandonne-moi, dit douloureusement Séraphîtüs.

Puis il s'alla poser sur un quartier de roche, en laissant tomber sa tête sur son sein.

— Pourquoi me désespères-tu donc ainsi? lui dit Minna.

— Va-t'en! s'écria Séraphîtüs, je n'ai rien de ce que tu veux de moi. Ton amour est trop grossier pour moi. Pourquoi n'aimes-tu pas Wilfrid? Wilfrid est un homme, un homme éprouvé par les passions, qui saura te serrer dans ses bras nerveux, qui te fera sentir une main large et forte. Il a de beaux cheveux noirs, des yeux pleins de pensées humaines, un cœur qui verse des torrens de lave dans les mots que sa bouche prononce. Il te brisera de caresses. Ce sera ton bien-aimé, ton époux. A toi Wilfrid.

Minna pleurait à chaudes larmes.

— Oses-tu dire que tu ne l'aimes pas? dit-il d'une voix qui entrait dans le cœur comme un poignard.

— Grâce, grâce, mon Séraphîtüs!

— Aime-le, pauvre enfant de la terre, où ta destinée te cloue invinciblement, dit le terrible Séraphîtüs en s'emparant de Minna par un geste qui la força de venir au bord du sœler, d'où la scène était si étendue qu'une jeune fille pleine d'enthousiasme pouvait facilement se croire au-dessus du monde. Je souhaitais un compagnon pour retourner dans la patrie, j'ai voulu te montrer ce morceau de boue, et t'y vois encore attachée. Adieu. Restes-y, jouis par les sens, obéis à ta nature, pâlis avec les hommes pâles, rougis avec les femmes, joue avec les enfans, prie avec les coupables, lève les yeux vers le ciel dans tes douleurs; tremble, espère, palpite; tu auras un compagnon, tu pourras encore rire et pleurer; donner et recevoir. Moi, je suis comme un proscrit, loin du ciel; et comme un monstre, loin de la terre. Mon cœur ne palpite plus; je ne vis que par moi et pour moi. Je sens par l'esprit, je respire par le front, je vois par la pensée, je meurs d'impatience et de désirs. Personne ici-bas n'a le pouvoir d'exaucer mes souhaits, de calmer mon impatience, et j'ai désappris à pleurer. Je suis donc seul, je me résigne et j'attends.

Séraphîtüs regarda le tertre plein de fleurs sur lequel il avait placé Minna, puis il se tourna du côté des monts sourcilleux dont les pitons étaient couverts de nuées épaisses dans lesquelles il jeta le reste de ses pensées.

— N'entendez-vous pas un délicieux concert, Minna, reprit-il de sa voix de tourterelle, car l'aigle avait assez crié. Ne dirait-on pas la musique des harpes éoliennes que vos poètes mettent au sein des forêts et des montagnes? Voyez-vous les indistinctes figures qui passent dans ces nuages? apercevez-vous les pieds ailés de ceux qui préparent les décorations du ciel? Ces accens rafraîchissent l'ame, le ciel va bientôt laisser tomber les fleurs du printemps, une lueur s'est élancée du pôle. Fuyons, il est temps.

En un moment leurs patins furent rattachés, et tous deux descendirent le Falberg par les pentes rapides qui l'unissaient aux vallées de la Sieg. Une intelligence miraculeuse présidait à leur course, ou pour mieux dire, à leur vol. Quand une crevasse couverte de neige se rencontrait, Séraphîtüs saisissait Minna et s'élançait par un mouvement rapide sans peser plus qu'un oiseau sur la fragile couche qui couvrait un abîme. Souvent en poussant sa compagne, il faisait une légère déviation pour éviter un précipice, un arbre, un quartier de roche qu'il semblait voir sous la neige, comme certains marins habitués à l'Océan en devinent les écueils à la couleur, au remous, au gisement des eaux. Quand ils atteignirent les chemins du Siegdalhen et qu'il leur fut permis de voyager presque sans crainte en ligne droite pour regagner la glace du Stromfiord, Séraphîtüs arrêta Minna : — Tu ne me dis plus rien, demanda-t-il.

— Je croyais, répondit respectueusement la jeune fille, que vous vouliez penser tout seul.

— Hâtons-nous, ma Minnette, la nuit va venir, reprit-il.

Minna tressaillit en entendant la voix, pour ainsi dire nouvelle de son guide, voix pure et faible comme celle d'une jeune fille. Cette voix dissipa les lueurs fantastiques du songe à travers lequel jusqu'alors elle avait marché. Séraphîtüs commençait à laisser sa force mâle et à dépouiller ses regards de leur trop vive intelligence. Bientôt ces deux jolies créatures cinglèrent sur le Fiord, atteignirent la prairie de neige qui se trouvait entre la rive du golfe et la première rangée des maisons de Jarvis; puis, pressées par la chute du jour, elles s'élancèrent en montant vers le presbytère, comme si elles eussent gravi les rampes d'un immense escalier.

— Mon père doit être inquiet, dit Minna.

— Non, répondit Séraphîtüs.

En ce moment, le couple était devant le porche de l'humble demeure où M. Becker, le pasteur de Jarvis, lisait en attendant sa fille pour le repas du soir.

— Cher monsieur Becker, dit Séraphîtüs, je vous ramène Minna saine et sauve.

— Merci, mademoiselle, répondit le vieillard en posant ses lunettes sur le livre. Vous devez être fatiguées.

— Nullement, dit Minna qui reçut en ce moment sur le front le souffle de sa compagne.

— Ma petite, voulez-vous après demain soir venir chez moi prendre du thé?

— Volontiers, chère.

—Monsieur Becker, vous me l'amènerez.

— Oui, mademoiselle.

Séraphîtüs inclina la tête par un geste coquet, salua le vieillard, partit, et en quelques instans arriva dans la cour du château suédois. Un serviteur octogénaire apparut sous l'immense auvent, en tenant une lanterne. Séraphîtüs quitta ses patins avec la dextérité gracieuse d'une femme, s'élança dans le salon du château, tomba sur un grand divan couvert de pelleteries, et s'y coucha.

— Qu'allez-vous prendre? lui dit le vieillard en allumant les bougies démesurément longues dont on se sert en Norwége.

— Rien, David, je suis trop lasse.

Séraphîtüs défit sa pelisse fourrée de martre, s'y roula et dormit. Le vieux serviteur resta pendant quelques momens debout à contempler avec amour l'être singulier qui reposait sous ses yeux, et dont personne n'eût su définir le genre. A le voir ainsi posé, enveloppé de son vêtement habituel, qui ressemblait autant à un peignoir de femme qu'à un manteau d'homme, il était impossible de ne pas attribuer à une jeune fille les pieds menus qu'il laissait pendre, comme pour montrer la délicatesse avec laquelle la nature les avait attachés; mais son front, mais le profil de sa tête, eût semblé l'expression de la force humaine arrivée à son plus haut degré.

— Elle souffre et ne veut pas me le dire, pensa le vieillard, elle se meurt comme une fleur frappée par un rayon de soleil trop vif.

Et il pleura, le vieil homme.

SÉRAPHÎTA.

Pendant la soirée, David rentra dans le salon.

— Je sais qui vous m'annoncez, lui dit Séraphîta d'une voix endormie. Wilfrid peut entrer.

En entendant ces mots, un homme se présenta soudain, et vint s'asseoir près d'elle.

— Ma chère Séraphîta, souffrez-vous? Je vous trouve plus pâle que de coutume.

Elle se tourna lentement vers lui, après avoir chassé ses cheveux en arrière comme une jolie femme qui, accablée par la migraine, n'a plus la force de se plaindre.

— J'ai fait, dit-elle, la folie de traverser le Fiord avec Minna, des enfantillages! Nous avons monté sur le Falberg.

— Vous vouliez donc vous tuer! dit-il avec l'effroi d'un amant.

— N'ayez pas peur, bon Wilfrid, j'ai eu bien soin de votre Minna.

Wilfrid frappa violemment de sa main la table, se leva, fit quelques pas vers la porte en laissant échapper une exclamation pleine de douleur, puis il revint et voulut exprimer une plainte.

— Pourquoi ce tapage, si vous croyez que je souffre? dit Séraphîta.

— Pardon, grâce! répondit-il en s'agenouillant. Parlez-moi durement, exigez de moi tout ce que vos cruelles fantaisies de femme vous feront imaginer de plus cruel à supporter ; mais, ma bien-aimée, ne mettez pas en doute mon amour. Vous prenez Minna comme une hache, et m'en frappez à coups redoublés. Grâce !

— Pourquoi me dire de telles paroles, mon ami, quand vous les savez inutiles? répondit-elle en lui jetant des regards qui finissaient par devenir si doux que Wilfrid ne voyait plus les yeux de Séraphîta, mais une fluide lumière dont les tremblemens ressemblaient aux dernières vibrations d'un chant plein de mollesse.

— Ah! l'on ne meurt pas d'angoisse, dit-il.

— Vous souffrez ? reprit-elle d'une voix dont les émanations produisaient au cœur de cet homme un effet semblable à celui des regards. Que puis-je pour vous ?

— Aimez-moi comme je vous aime.

— Pauvre Minna! répondit-elle.

— Je n'apporte jamais d'armes, cria Wilfrid.

— Vous êtes d'une humeur massacrante, dit en souriant Séraphîta. N'ai-je pas bien dit cela comme ces Parisiennes dont vous me racontez les amours ?

Wilfrid s'assit, se croisa les bras, et contempla Séraphîta d'un air sombre.

— Je vous pardonne, dit-il, car vous ne savez ce que vous faites.

— Oh! reprit-elle, une femme, depuis Ève, a toujours fait sciemment le bien et le mal.

— Je le crois, dit-il.

— J'en suis sûre, Wilfrid. Notre instinct est précisément ce qui nous rend si parfaites. Ce que vous apprenez, vous autres, nous le sentons, nous.

— Pourquoi ne sentez-vous pas alors combien je vous aime?

— Parce que vous ne m'aimez pas.

— Grand Dieu !

— Pourquoi donc vous plaignez-vous de vos angoisses? demanda-t-elle.

— Vous êtes terrible ce soir, Séraphîta. Vous êtes un vrai démon.

— Non, je suis une pauvre créature douée du malheur de comprendre. La douleur, Wilfrid, est une lumière qui nous éclaire la vie.

— Pourquoi donc alliez-vous sur le Falberg?

— Minna vous le dira, moi je suis trop lasse pour parler. A vous la parole, à vous qui savez tout, qui avez tout appris, n'avez rien oublié, vous qui avez passé par tant d'épreuves sociales. Amusez-moi, j'écoute.

— Que vous dirai-je, que vous ne sachiez? D'ailleurs votre demande est une raillerie. Vous n'admettez rien du monde, vous en brisez les nomenclatures, vous en foudroyez les lois, les mœurs, les sentimens, les sciences, en les réduisant aux proportions que ces choses contractent quand on se pose en dehors du globe.

— Vous voyez bien, mon ami, que je ne suis pas une femme. Vous avez tort de m'aimer. Quoi! je quitte les régions éthérées de ma prétendue force, je me fais humblement petite, je me courbe à la manière des pauvres femelles de toutes les espèces, et vous me rehaussez aussitôt! Enfin je suis en pièces, je suis brisée, je vous demande du secours, j'ai besoin de votre bras, et vous me repoussez. Nous ne nous entendons pas.

— Vous êtes ce soir plus méchante que je ne vous ai jamais vue.

— Méchante, dit-elle en lui lançant un regard qui fondait tous les sentimens en une sensation céleste, non, je suis souffrante, voilà tout. Alors quittez-moi, mon ami. Ne sera-ce pas user de vos droits d'homme? Nous devons toujours vous plaire, vous délasser, être toujours gaies, et n'avoir que les caprices qui vous amusent. Que dois-je faire, mon ami? Voulez-vous que je chante, que je danse, quand la fatigue m'ôte l'usage de la voix et des jambes? Messieurs, fussions-nous à l'agonie, nous devons encore vous sourire! Vous appelez cela, je crois, régner. Les pauvres femmes! je les plains. Dites-moi, vous les abandonnez quand elles vieillissent, elles n'ont donc ni cœur ni ame? Eh bien! j'ai plus de cent ans, Wilfrid, allez-vous-en! allez aux pieds de Minna.

— Oh! mon éternel amour!

— Savez-vous ce qu'est l'éternité? Taisez-vous, Wilfrid. Vous me désirez et ne m'aimez pas. Dites-moi, ne vous rappelé-je pas bien quelque femme coquette?

— Oh! certes, je ne reconnais plus en vous la pure et céleste jeune fille que j'ai vue pour la première fois dans l'église de Jarvis.

A ces mots, Séraphîta se passa les mains

sur le front, et quand elle se dégagea la figure, Wilfrid fut étonné de la religieuse et sainte expression qui s'y était répandue.

— Vous avez raison, mon ami. J'ai toujours tort de mettre les pieds sur votre terre.

— Oui, chère Séraphîta, soyez mon étoile, et ne quittez pas la place d'où vous répandez sur moi de si vives lumières.

En achevant ces mots, il avança la main pour prendre celle de la jeune fille, qui la lui retira sans dédain ni colère. Wilfrid se leva brusquement et s'alla placer près de la fenêtre, vers laquelle il se tourna pour ne pas laisser voir à Séraphîta quelques larmes qui lui roulèrent dans les yeux.

— Pourquoi pleurez-vous? lui dit-elle. Vous n'êtes plus un enfant, Wilfrid. Allons, revenez près de moi, je le veux. Vous me boudez quand je devrais me fâcher. Vous voyez que je suis souffrante, et vous me forcez, je ne sais par quels doutes, de penser, de parler, ou de partager des caprices et des idées qui me lassent. Si vous aviez l'intelligence de ma nature, vous m'auriez fait de la musique? vous auriez endormi mes ennuis; mais vous m'aimez pour vous et non pour moi.

L'orage qui bouleversait le cœur de Wilfrid fut soudain calmé par ces paroles; il se rapprocha lentement, afin de pouvoir contempler la séduisante créature qui gisait étendue à ses yeux, mollement couchée, la tête appuyée sur sa main et accoudée dans la pose la plus amoureusement décevante.

— Vous croyez que je ne vous aime point, reprit-elle. Vous vous trompez. Ecoutez-moi, Wilfrid. Vous commencez à savoir beaucoup, vous avez beaucoup souffert. Laissez-moi vous expliquer votre pensée. Vous vouliez ma main.

Elle se leva sur son séant, et ses jolis mouvemens semblèrent jeter des lueurs.

— Une jeune fille qui se laisse prendre la main, ne fait-elle pas une promesse, et ne doit-elle pas l'accomplir? Vous savez bien que je ne puis être à vous. Deux sentimens dominent les amours qui séduisent les femmes de la terre. Ou elles se dévouent à des êtres souffrans, dégradés, criminels, qu'elles veulent consoler, relever, racheter; ou elles se donnent à des êtres supérieurs, sublimes, forts, qu'elles veulent adorer, comprendre, et par lesquels souvent elles sont écrasées. Vous êtes grand et dégradé; vous vous êtes épuré dans les feux du repentir; mais je suis trop faible pour être votre égale, et trop religieuse pour m'humilier sous une puissance autre que celle d'en haut. Ceci, mon ami, n'est-il pas bien métaphysique? Mais vous avez aimé la métaphysique! Puis nous sommes dans le nord, parmi les nuées.

— Vous me tuez, Séraphîta, lorsque vous parlez ainsi, répondit-il. Je souffre toujours en vous voyant user de la science monstrueuse avec laquelle vous dépouillez toutes les choses humaines des propriétés que leur donnent le temps, l'espace, la forme, pour les considérer mathématiquement sous je ne sais quelle expression pure, ainsi que le fait la géométrie pour les corps dont elle abstrait la solidité.

— Bien, Wilfrid, je vous obéirai. Laissons cela. Comment trouvez-vous ce tapis de peau d'ours que mon pauvre David a tendu là ?

— Mais très-bien.

— Vous ne me connaissiez pas cette *Doucha greka*?

C'était une espèce de pelisse en cachemire doublée de martre zibeline, dont le nom signifie *chaude à l'ame*.

— Croyez-vous, reprit-elle, que dans aucune cour, un souverain possède une fourrure semblable ?

— Elle est sans prix, et digne d'ailleurs de celle qui la porte.

— Et que vous trouvez bien belle?

— Les mots humains ne lui sont pas applicables, il faut lui parler de cœur à cœur.

— Wilfrid, vous êtes bon d'endormir mes douleurs par de douces paroles... que vous avez dites à d'autres.

— Adieu.

— Restez. Je vous aime bien vous et Minna, croyez-le! Mais je vous confonds en un seul être. Réunis ainsi, vous êtes un frère, ou, si vous voulez, une sœur pour moi. Mariez-vous, que je vous voie heureux avant de quitter pour toujours cette sphère d'épreuves et de douleurs. Mon Dieu, de simples femmes ont tout obtenu de leurs amans! Elles leur ont dit:—Taisez-vous! Ils ont été muets. Elles leur ont dit : — Mourez! Ils sont morts. Elles leur ont dit : — Aimez-moi de loin ! Ils sont restés à distance comme les courtisans devant un roi. Elles leur ont dit : —Mariez-vous ! Ils se sont mariés. Moi, je veux que vous soyez heureux, et vous me refusez. Je suis donc sans pouvoir ? Eh bien ! Wilfrid, écoutez, venez plus près de moi. Oui, je serais fâchée de vous voir épouser Minna ; mais quand vous ne me verrez plus, alors... dites, oui.

— Je vous ai délicieusement écoutée, Séraphîta. Quelque incompréhensibles que soient vos paroles, elles ont des charmes. Mais que voulez-vous dire ?

— Vous avez raison, j'oublie d'être folle, d'être cette pauvre créature dont vous n'aimez que la faiblesse. Je vous tourmente, et vous êtes venu dans cette sauvage contrée pour y trouver le repos, vous, brisé par les impétueux assauts d'un génie méconnu, vous, exténué par les patiens travaux de la science, vous qui avez trempé vos mains dans le crime et porté les chaînes de la justice humaine.

Wilfrid était tombé demi-mort sur le tapis, mais Séraphîta souffla sur le front de cet homme qui dormit aussitôt paisiblement à ses pieds.

— Dors, repose-toi, dit-elle en se levant.

Après avoir imposé pour ainsi dire ses mains au-dessus du front de Wilfrid, ces phrases s'échappèrent une à une de ses lèvres, toutes différentes d'accent, mais toutes mélodieuses et empreintes d'une bonté qui semblait émaner de sa tête par ondées nuageuses, comme les lueurs dont la déesse profane entoure chastement son berger bien-aimé durant son sommeil.

« Je puis me montrer à toi, cher Wilfrid, tel que je suis, à toi qui es fort.

« L'heure est venue, l'heure où les brillantes lumières de l'avenir jettent leurs reflets sur les ames, l'heure où l'ame s'agite dans sa liberté.

« Maintenant il m'est permis de te dire combien je t'aime. Ne vois-tu pas quel est mon amour, un amour sans aucun propre intérêt, un sentiment plein de toi seul, un amour qui te suit dans l'avenir, pour t'éclairer l'avenir, car cet amour est la vraie lumière. Conçois-tu maintenant avec quelle ardeur je voudrais te savoir quitte de cette vie qui te pèse, et te voir plus près que tu ne l'es encore du monde où l'on aime toujours. N'est-ce pas souffrir que d'aimer pour une vie seulement? N'as-tu pas senti le goût des éternelles amours? Comprends-tu maintenant à quels ravissemens une créature complète s'élève, alors qu'elle est double à aimer celui qui ne trahit jamais l'amour, celui devant lequel on s'agenouille en adorant?

« Je voudrais avoir des ailes, Wilfrid, pour t'en couvrir, avoir de la force à te donner pour te faire entrer par avance dans le monde où les plus pures joies du plus pur attachement qu'on éprouve sur cette terre feraient une ombre dans le jour qui vient incessamment éclairer et réjouir les cœurs.

« Pardonne à une ame amie, de t'avoir présenté en un mot le tableau de tes fautes, dans la charitable intention d'endormir les douleurs aiguës de tes remords. Entends les concerts du pardon. Rafraîchis ton ame en respirant l'aurore qui se lèvera pour toi par delà les ténèbres de la mort. Oui, ta vie est par delà !

« Que mes paroles revêtent les brillantes formes des rêves, qu'elles se parent d'images, flamboient et descendent sur toi. Monte, monte au point où tous les hommes se voient distinctement, quoique pressés et petits comme des grains de sable au bord des mers. L'humanité s'est déroulée comme un simple ruban ? regarde les diverses nuances de cette fleur des jardins célestes. Vois-tu ceux auxquels manque l'intelligence, ceux qui commencent à s'en colorer, ceux qui sont éprouvés, ceux qui sont dans l'amour, ceux qui sont dans la sagesse et aspirent au monde de lumière?

« Comprends-tu par cette pensée visible la destinée de l'humanité? d'où elle vient, où elle va? Persiste en ta voie. En atteignant au but de ton voyage, tu entendras sonner les clairons de la toute-puissance, retentir les cris de la victoire, et des accords dont un seul ferait trembler la terre, mais qui se perdent dans un monde sans orient et sans occident.

« Comprends-tu, pauvre cher éprouvé, que sans les engourdissemens, sans les voiles du sommeil, de tels spectacles emporteraient et déchireraient ton intelligence, comme le vent des tempêtes emporte et déchire une faible toile, et raviraient pour toujours à un homme sa raison? Comprends-tu que l'ame seule, élevée à sa toute-puissance, résiste à peine, dans le rêve, aux dévorantes communications de l'esprit?

« Vole encore à travers les sphères brillantes et lumineuses, admire, cours. En volant ainsi, tu te reposes, tu marches sans fatigue. Comme tous les hommes, tu voudrais être toujours ainsi plongé dans ces sphères de parfums, de lumière, où tu vas, léger de tout ton corps évanoui, où tu parles par la pensée ! Cours, vole, jouis un moment des ailes dont tu seras armé bientôt, quand l'amour sera si complet en toi que tu n'auras plus de sens, et que tu seras tout intelligence et tout amour ! Vois celui qui te parle, celui qui te soutient au-dessus de ce monde, où sont les abîmes. Plus haut tu montes et moins tu conçois les abîmes ! Il n'y a point de précipices dans les cieux. Vois, contemple-moi encore un moment, car tu ne me verras plus qu'imparfaitement, comme tu me vois à la clarté du pâle soleil de la terre. »

Là, Séraphîta se dressa sur ses pieds, resta la tête mollement inclinée, les cheveux épars, dans la pose aérienne que les plus sublimes peintres ont tous donnée aux Messagers d'en haut. Les plis de son vêtement eurent cette grâce indéfinissable qui arrête l'artiste, l'homme qui traduit tout par le sentiment, devant les délicieuses lignes du voile de la Polymnie antique. Puis elle étendit la main, et Wilfrid se leva. Quand il regarda Séraphîta, la blanche jeune fille était couchée sur la peau d'ours, la tête appuyée sur sa main, le visage calme, les yeux brillans. Wilfrid la contempla silencieusement, mais une crainte respectueuse animait sa figure, et se trahissait par une contenance timide.

— Oui, chère, dit-il enfin comme s'il répondait à une question, nous sommes séparés par des mondes entiers. Je me résigne, et ne puis que vous adorer. Mais que vais-je devenir, moi pauvre, seul?

— Wilfrid, n'avez-vous pas votre Minna?
Il baissa la tête.

— Oh! ne soyez pas si dédaigneux! La femme comprend tout par l'amour! Quand elle n'entend pas, elle sent; quand elle ne sent pas, elle voit; quand elle ne voit, ni ne sent, ni n'entend, eh bien! cet ange de la terre vous devine pour vous protéger, et cache ses protections sous la grâce de l'amour.

— Séraphîta, suis-je digne d'appartenir à une femme.

— Vous êtes devenu soudain bien modeste! Ne serait-ce pas un piége? Une femme est toujours si touchée de voir sa faiblesse glorifiée! Eh bien! après demain soir, venez prendre le thé chez moi; le bon M. Becker y sera; vous y verrez Minna, la plus candide créature que je sache en ce monde. Laissez-moi maintenant, mon ami, j'ai ce soir de longues prières à faire pour expier mes fautes.

— Comment pouvez-vous pécher ?

— Pauvre cher, abuser de sa puissance, n'est-ce pas de l'orgueil ? Je crois avoir été trop orgueilleuse aujourd'hui. Allons, partez. A demain.

— A demain, dit faiblement Wilfrid en jetant un long regard sur cette créature dont il voulait emporter une image ineffaçable.

Et il sortit ; mais quoiqu'il voulut s'éloigner, il demeura pendant quelques momens debout, occupé à regarder la lumière qui brillait par les fenêtres du château suédois.

— Qu'ai-je donc vu ? se demandait-il. Non, ce n'est pas une simple créature, mais toute une création. De ce monde, entrevu à travers des voiles et des nuages, il me reste des retentissemens semblables aux souvenirs d'une douleur dissipée, ou pareils aux éblouissemens causés par ces rêves dans lesquels nous entendons le gémissement des générations passées qui se mêle aux voix harmonieuses des sphères élevées où tout est lumière et amour. Veillé-je ? Suis-je encore endormi? Ai-je gardé mes yeux de sommeil, ces yeux devant lesquels de lumineux espaces se reculent indéfiniment, et qui suivent les espaces ? Malgré le froid de la nuit, ma vie est encore en feu. Allons au presbytère ! entre le pasteur et sa fille, je pourrai rasseoir mes idées.

Mais il ne quitta pas encore la place d'où sa vue pouvait plonger dans le salon de Séraphîta. Cette mystérieuse créature semblait être le centre rayonnant d'un cercle qui formait autour d'elle une atmophère plus étendue que ne l'est celle des autres êtres ; et quiconque y entrait, subissait le pouvoir d'un tourbillon de clartés et de pensées dévorantes. Obligé de se débattre contre cette inexplicable force, Wilfrid n'en triompha pas sans de grands efforts ; mais, après avoir franchi l'enceinte de cette maison, il reconquit son

libre arbitre, marcha précipitamment vers
le presbytère, et se trouva bientôt sous la
haute voûte en bois qui servait de péristyle
à l'habitation de M. Becker. Il ouvrit la première porte, garnie de nœver, contre laquelle le vent poussait la neige, et frappa
vivement à la seconde, en disant : — Voulez-vous me permettre de passer la soirée
avec vous, monsieur Becker?

— Oui, crièrent deux voix qui confondirent leurs intonations.

En entrant dans le parloir, Wilfrid revint
par degrés à la vie réelle. Il salua fort affec-
tueusement Minna, serra la main de M. Becker, promena ses regards sur un tableau
dont les images calmèrent les convulsions de
sa nature physique, chez laquelle s'opérait
un phénomène comparable à celui qui saisit
parfois les hommes habitués à de longues
contemplations. Si quelque pensée vigoureuse
enlève sur ses ailes de Chimère un savant ou

un poëte, et l'isole parfaitement des circonstances extérieures qui l'enserrent ici-bas, en lui faisant parcourir les régions sans bornes où les plus immenses collections de faits deviennent des abstractions, où les plus vastes ouvrages de la nature sont des images ; malheur à lui si quelque bruit soudain frappe ses sens et rappelle dans sa prison d'os et de chair cette ame voyageuse. Le choc de ces deux puissances, le Corps et l'Esprit, dont l'une participe de l'invisible action de la foudre, et l'autre partage avec la nature sensible cette molle résistance qui défie momentanément la destruction ; ce combat, ou mieux cet horrible accouplement engendre des souffrances inouïes. Le corps a redemandé la flamme qui le consume, et la flamme a ressaisi sa proie ; mais cette fusion ne s'opère pas sans les bouillonnemens, sans les explosions et les tortures dont la chimie nous offre de visibles témoignages, quand se séparent deux principes ennemis qu'elle s'était plu à réunir. Depuis quelques jours, lorsque Wilfrid entrait chez Séraphîta, son corps y tombait dans un gouffre. Par un seul regard, cette singulière créature l'entraînait en esprit dans la sphère où la méditation entraîne le savant, où la prière transporte l'ame religieuse, où la vision emmène un artiste, où le sommeil emporte quelques hommes; car à chacun sa voie pour aller aux abîmes supérieurs, à chacun son guide pour s'y diriger, à tous la souffrance au retour. Là seulement se déchirent les voiles et se montre à nu la Révélation, cette ardente et terrible confidence d'un monde inconnu, dont l'esprit ne rapporte ici-bas que des lambeaux. Pour Wilfrid, une heure passée près de Séraphîta ressemblait souvent à ce délicieux songe qu'affectionnent et que désirent incessamment les thériakis, et où chaque papille nerveuse devient le centre d'une jouissance rayonnante. Il en sortait brisé comme une jeune fille qui s'est épuisée à suivre la course d'un géant. Le froid commençait à calmer par ses flagellations aiguës la trépidation morbide que lui causait la combinaison de ses deux natures violemment disjointes; puis, il revenait toujours au presbytère, attiré près de Minna par le spectacle de la vie vulgaire dont il avait soif, autant qu'un aventurier d'Europe a soif de la patrie, quand la nostalgie le saisit au milieu des féeries orientales qui l'avaient séduit. En ce moment, plus fatigué qu'il ne l'avait jamais été, cet étranger tomba dans un fauteuil, et regarda pendant quelque temps autour de lui, comme un homme qui s'éveille. M. Becker, accoutumé sans doute, aussi bien que sa fille, à l'apparente bizarrerie de leur hôte, continuèrent tous deux à travailler.

Le parloir avait pour ornement une collection des insectes et des coquillages de la

Norwége. Ces curiosités, habilement disposées sur le fond jaune du sapin qui boisait les murs, y formaient une riche tapisserie à laquelle la fumée du tabac avait imprimé ses teintes fuligineuses. Au fond, en face de la porte principale, s'élevait un poêle énorme en fer forgé qui, soigneusement froté par la servante, brillait comme s'il eût été d'acier poli. Assis dans un grand fauteuil en tapisserie, près de ce poêle, devant une table, et les pieds dans une espèce de chancelière, M. Becker lisait un in-folio placé sur d'autres livres comme sur un pupitre; à sa gauche était un broc de bière et un verre; à sa droite brûlait une lampe fumeuse, entretenue par de l'huile de poisson. Le ministre paraissait âgé d'une soixantaine d'années. Sa figure appartenait à ce type affectionné par les pinceaux de Rembrandt : c'étaient bien ces petits yeux vifs, enchâssés par des cercles de rides et surmontés d'épais sourcils grisonnans ; ces cheveux blancs qui s'échappent en deux lames floconneuses de dessous un bonnet de velours noir ; ce front large et chauve ; cette coupe de visage que l'ampleur du menton rend presque carrée ; puis ce calme profond qui dénote à l'observateur une puissance quelconque, soit la royauté que donne l'argent, soit le pouvoir tribunitien du bourgmestre, soit la conscience de l'art, ou la force cubique de l'ignorance heureuse. Ce beau vieillard, dont l'embonpoint annonçait une santé robuste, était enveloppé dans une robe de chambre en drap grossier simplement orné de sa lisière. Il tenait gravement à sa bouche une longue pipe en écume de mer, et lâchait par temps égaux la fumée du tabac, en en suivant d'un œil distrait les fantasques tourbillons, occupé sans doute à s'assimiler par quelque méditation digestive les pensées de l'auteur dont il lisait les œuvres. De l'autre côté du poêle et près d'une porte qui communiquait à la cuisine, Minna se voyait indistinctement dans le brouillard produit par la fumée, à laquelle elle paraissait habituée. Devant elle, sur une petite table, étaient les ustensiles nécessaires à une ouvrière, une pile de serviettes, des bas à raccommoder, et une lampe semblable à celle qui faisait reluire les pages blanches du livre dans lequel son père semblait absorbé. Sa figure fraîche, à laquelle des contours délicats imprimaient une grande pureté, s'harmoniait avec la candeur exprimée sur son front blanc et dans ses yeux clairs. Elle se tenait droite sur sa chaise en se penchant un peu vers la lumière pour y mieux voir, et montrait à son insu la beauté de son corsage. Elle était déjà vêtue pour la nuit d'un peignoir en toile de coton blanche. Un simple bonnet de percale, sans autre ornement qu'une ruche de même étoffe, enveloppait sa chevelure. Elle paraissait plongée dans quelque contemplation secrète qui ne l'empêchait pas de compter les fils de sa serviette ou les mailles de son bas. Elle offrait ainsi l'image la plus complète, le type le plus vrai de la femme destinée aux œuvres terrestres, dont le regard pourrait percer les nuées du sanctuaire, mais qu'une pensée à la fois humble et charitable maintient à hauteur d'homme. Wilfrid s'était jeté sur un fauteuil, entre ces deux tables, et contemplait avec une sorte d'ivresse ce tableau plein d'harmonies, et auquel les nuages de fumée ne messeyaient point. La seule fenêtre qui éclairât ce parloir pendant la belle saison était alors soigneusement close. En guise de rideaux, une vieille tapisserie, fixée sur un bâton, pendait en formant de gros plis. Là, rien de pittoresque, rien d'éclatant, mais une simplicité rigoureuse, une bonhomie vraie, le laisser-aller de la nature, et toutes les habitudes d'une vie domestique sans troubles ni soucis. Beaucoup de demeures ont l'apparence d'un rêve; l'éclat du plaisir qui passe semble y cacher des ruines sous le froid sourire du luxe ; mais ce parloir était sublime de réalité, harmonieux de couleur, et réveillait les idées patriarcales d'une vie pleine et recueillie. Le silence n'était troublé que par les trépignemens de la servante occupée à préparer le souper, et par les frissonnemens du poisson séché qu'elle faisait frire dans le beurre salé, suivant la méthode du pays.

— Voulez-vous fumer une pipe? dit le pasteur en saisissant un moment où il crut que Wilfrid pouvait l'entendre.

— Merci, cher monsieur Becker, répondit-il.

— Vous semblez aujourd'hui plus souffrant que vous ne l'êtes ordinairement, lui dit Minna frappée de la faiblesse que trahissait la voix de l'étranger.

— Je suis toujours ainsi quand je sors du château.

Minna tressaillit.

— Il est habité par une étrange personne, monsieur le pasteur, reprit-il après une pause. Depuis six mois que je suis dans ce village, je n'ai point osé vous adresser de questions sur elle, et suis obligé de me faire violence aujourd'hui pour vous en parler. J'ai commencé par regretter bien vivement de voir mon voyage interrompu par l'hiver, et d'être forcé de demeurer ici; mais depuis ces deux derniers mois chaque jour les chaînes qui m'attachent à Jarvis se sont plus fortement rivées; et j'ai peur d'y finir mes jours. Vous savez comment j'ai rencontré Séraphîta, quelle impression me fit son regard et sa voix, enfin comment je fus admis chez elle qui ne veut recevoir personne, Dès le premier jour, je revins ici pour vous demander des renseignemens sur cette créature mystérieuse. Là commença pour moi cette série d'enchantemens...

— D'enchantemens! s'écria le pasteur en secouant les cendres de sa pipe dans un plat grossier plein de sable qui lui servait de crachoir. Existe-t-il des enchantemens?

— Certes, vous qui lisez en ce moment si consciencieusement le livre des INCANTATIONS de Jean Wier, vous comprendrez l'explication que je puis vous donner de mes sensations, reprit aussitôt Wilfrid. Si l'on étudie attentivement la nature dans ses grandes révolutions comme dans ses plus petites œuvres, il est impossible de ne pas reconnaître l'impossibilité d'un enchantement, en donnant à ce mot sa véritable signification. L'homme ne crée pas de forces, il emploie la seule qui existe, et qui les résume toutes, le mouvement, souffle incompréhensible du souverain fabricateur des mondes. Les espèces sont trop bien séparées pour que la main humaine puisse les confondre ; et le seul miracle dont elle était capable s'est accompli dans la combinaison de deux substances ennemies. Encore la poudre est-elle germaine de la foudre ! Quant à faire surgir une création soudaine ? toute création exige le temps, et le temps n'avance ni ne recule sous le doigt. Ainsi, en dehors de nous, la nature plastique obéit à des lois dont aucune main d'homme n'intervertira ni l'ordre ni l'exercice. Mais, après avoir ainsi fait la part de la Matière, il serait déraisonnable de ne pas reconnaître en nous l'existence d'un monstrueux pouvoir dont les effets sont tellement incommensurables que les générations connues ne les ont pas encore parfaitement classés. Je ne vous parle pas de la faculté de tout abstraire et de contraindre la nature à se renfermer dans le Verbe, acte gigantesque auquel le vulgaire ne réfléchit pas plus qu'il ne songe au mouvement ; mais qui a conduit les théosophes indiens à expliquer la création par un verbe auxquels ils ont donné la puissance inverse. La plus petite portion de leur nourriture, un grain de riz d'où sort une création, et dans lequel cette création se résume alternativement, leur offrait une si pure image du verbe créateur et du verbe abstracteur, qu'il était bien simple d'appliquer ce système à la production des mondes. La plupart des hommes devaient se contenter du grain de riz semé dans le premier verset de toutes les Genèses. Saint Jean, disant que le Verbe était en Dieu, n'a fait que compliquer la difficulté. Mais la granification, la germination et la floraison de nos idées est peu de chose, si nous comparons cette propriété, partagée entre beaucoup d'hommes, à la faculté tout individuelle de communiquer à cette propriété des forces plus ou moins actives par je ne sais quelle concentration, de la porter à une troisième, à une neuvième, à une vingt-septième puissance, de la faire mordre ainsi sur les masses, et d'obtenir des résultats magiques en condensant les effets de la nature. Or, je nomme enchantemens, ces immenses actions jouées entre deux membranes sur la toile de notre cerveau. Il se rencontre, dans la nature inexplorée du Monde Spirituel, certains êtres armés de ces facultés inouïes, comparables à la terrible puissance que possèdent les gaz dans le monde physique, et qui se combinent avec d'autres êtres, les pénètrent comme cause active, produisent en eux des sortilèges contre lesquels ces pauvres ilotes sont sans défense. Ils les enchantent, les dominent, les réduisent à un horrible vasselage, et font peser sur eux les magnificences et le sceptre d'une nature supérieure, en agissant tantôt à la manière de la torpille qui électrise et engourdit le pêcheur ; tantôt comme une dose de phosphore qui exalte la vie, en accélère la projection ; tantôt comme l'opium qui endor la nature corporelle, dégage l'esprit de ses liens, le laisse voltiger sur le monde, le lui montre à travers un prisme, et lui en extrait la pâture qui lui plaît le plus ; tantôt enfin comme la catalepsie qui annule toutes les facultés au profit d'une seule vision. Les miracles, les enchantemens, les incantations, les sortiléges, enfin les actes, improprement appelés surnaturels, ne sont possibles et ne peuvent s'expliquer, que par le despotisme avec lequel un Esprit nous contraint à subir les effets d'une optique mystérieuse qui grandit, rapetisse, exalte la création, la fait mouvoir en nous à son gré, nous la défigure ou nous l'embellit, nous ravit au ciel ou nous plonge en enfer, les deux termes par lesquels s'expriment l'extrême plaisir et l'extrême douleur. Ces phénomènes sont en nous et non au dehors. L'être que nous nommons Séraphîta me semble un de ces rares et terribles démons auxquels il est donné d'étreindre les hommes, de presser la nature et d'entrer en partage avec l'occulte pouvoir de Dieu. Le cours de ses enchantemens a commencé chez moi par le silence qui m'était imposé. Chaque fois que j'osais vouloir vous interroger sur elle, il me semblait que j'allais révéler un secret dont je devais être l'incorruptible gardien ; chaque fois que j'ai voulu vous questionner, un sceau brûlant s'est posé sur mes lèvres, et j'étais le ministre involontaire de cette mystérieuse défense. Vous me voyez ici, pour la centième fois, abattu, brisé, pour avoir été jouer avec le monde hallucinateur que porte en elle cette jeune fille douce et frêle pour vous deux, mais pour moi la magicienne la plus dure. Oui, elle est pour moi comme une sorcière qui, dans sa main droite, porte un appareil invisible pour agiter le globe, et dans sa main gauche la foudre pour tout dissoudre à son gré. Enfin je ne sais plus regarder son front, il est d'une insupportable clarté. Je côtoie trop inhabilement depuis quelques jours les abîmes de la folie, pour ne pas parler. Je saisis donc le moment où j'ai le courage de résister à ce monstre qui m'entraîne après lui, sans me demander si je puis suivre son vol. Qui est-elle ? L'avez-vous vue jeune ? Est-elle née jamais, a-t-elle eu des parens ? Est-elle enfantée par la conjonction de la glace et du soleil, elle glace et brûle ? Elle se montre et se retire comme une vérité jalouse ! elle m'attire et me repousse ! elle me donne tour à tour la vie et la mort, je l'aime et je la hais. Je ne puis plus vivre ainsi, je veux être tout à fait ou dans le ciel ou dans l'enfer.

Gardant d'une main sa pipe toute chargée, et de l'autre le couvercle sans le remettre, M. Becker écoutait Wilfrid d'un air mystérieux, en regardant par instans sa fille qui paraissait comprendre ce langage, en harmonie avec l'être qui l'inspirait. Wilfrid était beau comme Hamlet résistant à l'ombre de son père, et avec laquelle il converse en la voyant se dresser pour lui seul, au milieu des vivans.

— Ceci ressemble fort au discours d'un homme amoureux, dit naïvement le bon pasteur.

— Amoureux ! reprit Wilfrid, oui, selon les idées vulgaires. Mais, mon cher monsieur Becker, aucun mot ne peut exprimer la frénésie avec laquelle je me précipite vers cette sauvage créature.

— Vous l'aimez donc ? dit Minna d'un ton de reproche.

— Mademoiselle, j'éprouve des tremblemens si singuliers quand je la vois, et de si profondes tristesses quand je ne la vois plus, que, chez tout homme, de telles émotions annonceraient l'amour ; mais ce sentiment rapproche ardemment les êtres, tandis que, toujours entre elle et moi, s'ouvre je ne sais quel abîme dont je sens le froid quand je suis en sa présence, et dont je n'ai plus la conscience quand je suis loin d'elle. Je la quitte toujours plus désolé, je reviens toujours avec plus d'ardeur comme les savans qui cherchent un secret, et que la nature repousse ; comme le peintre qui veut mettre la vie sur une toile, et se brise avec toutes les ressources de l'art dans cette vaine tentative.

— Monsieur, répondit naïvement la jeune fille, tout cela me paraît bien juste.

— Comment pouvez-vous le savoir, Minna? demanda le vieillard.

— Ah! mon père, si vous aviez été ce matin avec nous sur les sommets du Falberg, et que vous l'eussiez vu priant, vous ne me feriez pas cette question! Vous diriez, comme M. Wilfrid, quand il l'aperçut pour la première fois dans notre temple : C'est le Génie de la Prière.

Ces derniers mots furent suivis d'un moment de silence.

— Ah! certes, reprit Wilfrid, elle n'a rien de commun avec les créatures qui s'agitent dans les trous de ce globe.

— Sur le Falberg! s'écria le vieux pasteur. Comment avez-vous fait pour y parvenir?

— Je n'en sais rien, répondit Minna. Ma course est maintenant pour moi comme un rêve dont on se souvient! Je n'y croirais peut-être point sans ce témoignage matériel.

Elle tira la fleur de son corsage et la montra. Tous trois restèrent les yeux attachés sur la jolie saxifrage encore fraîche, qui, bien éclairée par les lampes, brilla dans le nuage de fumée comme une autre lumière.

— Voilà qui est surnaturel, dit le vieillard en voyant une fleur éclose en hiver.

— Un abîme, fit Wilfrid exalté par le parfum.

— Cette fleur me donne le vertige! s'écria Minna. Je crois encore entendre sa parole qui est la musique de la pensée, comme je vois encore la lumière de son regard qui est l'amour.

— De grâce, mon cher monsieur Becker, dites-moi la vie de Séraphîta, énigmatique fleur humaine dont cette touffe mystérieuse semble être l'image.

— Mon cher hôte, répondit le vieillard en lâchant une bouffée de tabac, pour vous expliquer la naissance de cette créature, il est nécessaire de vous débrouiller les nuages de la plus obscure de toutes les doctrines chrétiennes; mais il n'est pas facile d'être clair en parlant de la plus incompréhensible des révélations, dernier éclat de la foi qui ait, dit-on, rayonné sur notre tas de boue. Connaissez-vous SWEDENBORG?

— De nom seulement; mais de lui, de ses livres, de sa religion, je ne sais rien.

— Hé bien! je vais vous raconter SWEDENBORG en entier.

SÉRAPHÎTA—SÉRAPHÎTÜS.

Après une pause pendant laquelle le pasteur parut recueillir ses souvenirs, il reprit en ces termes :
— Emmanuel de SWEDENBORG est né à Upsal, en Suède, dans le mois de janvier 1688, suivant quelques auteurs ; en 1689, suivant son épitaphe ; son père était évêque de Skara ; il vécut quatre-vingt-cinq années, sa mort étant arrivée à Londres

le 29 mars 1772. Je me sers de cette expression pour exprimer un simple changement d'état. Selon ses disciples, SWEDENBORG aurait été vu à Jarvis et à Paris postérieurement à cette date.

— Permettez, mon cher monsieur Wilfrid, dit M. Becker en faisant un geste pour prévenir toute interruption, je raconte des faits sans les affirmer, sans les nier. Écoutez, et après, vous penserez de tout ceci ce que vous voudrez. Je vous préviendrai lorsque je jugerai, critiquerai, discuterai les doctrines, afin de constater ma neutralité intelligentielle entre la raison et LUI !

La vie d'Emmanuel SWEDENBORG fut scindée en deux parts, reprit le pasteur. De 1688 à 1745, le baron Emmanuel de SWEDENBORG apparut dans le monde comme un homme du plus vaste savoir, estimé, chéri pour ses vertus, toujours irréprochable, constamment utile. Tout en remplissant de hautes

fonctions en Suède, il a publié de 1709 à
1740, sur la minéralogie, la physique, les mathématiques et l'astronomie, des livres nombreux et solides qui ont éclairé le monde savant. Il a inventé la méthode de bâtir des
bassins propres à recevoir les vaisseaux ; il a
écrit sur les questions les plus importantes,
depuis la hauteur des marées jusqu'à la position de la terre ; il a trouvé tout à la fois les
moyens de construire de meilleures écluses
pour les canaux, et des procédés plus simples
pour l'extraction des métaux ; enfin, il ne s'est
pas occupé d'une science sans lui faire faire
un progrès. Il étudia pendant sa jeunesse les
langues hébraïque, grecque, latine, et les
langues orientales dont la connaissance lui
devint si familière, que plusieurs professeurs célèbres l'ont consulté souvent, et
qu'il put reconnaître dans la Tartarie les
vestiges du plus ancien livre de la Parole,
nommé LES GUERRES DE JEHOVAH, et LES

ÉNONCÉS dont il est parlé par Moïse dans les NOMBRES (XXI, 14, 15, 27—30); par Josué, par Jérémie et par Samuel. LES GUERRES DE JEHOVAH seraient la partie historique, et LES ÉNONCÉS la partie prophétique de ce livre antérieur à la GENÈSE. SWEDENBORG a même affirmé que le JASCHAR, ou le LIVRE DU JUSTE, mentionné par Josué, existait dans la Tartarie-Orientale, avec le culte des Correspondances. Un Français a, dit-on, récemment justifié les prévisions de SWEDENBORG, en annonçant avoir trouvé à Bagdad plusieurs parties de la Bible inconnues en Europe. Lors de la discussion presque européenne que souleva le magnétisme animal à Paris, et à laquelle presque tous les savans prirent une part active, en 1785, M. le marquis de Thomé vengea la mémoire de SWEDENBORG en relevant des assertions échappées aux commissaires nommés par le roi de France pour examiner le magnétisme. Ces messieurs prétendaient qu'il n'existait aucune théorie de l'aimant, tandis que SWEDENBORG s'en était occupé dès l'an 1720. M. de Thomé saisit cette occasion pour démontrer les causes de l'oubli dans lequel les hommes les plus célèbres laissaient le savant Suédois afin de pouvoir fouiller ses trésors et s'en aider pour leurs travaux. « Quelques uns des plus illustres, dit M. de Thomé en faisant allusion à la Théorie de la terre par Buffon, ont la faiblesse de se parer des plumes du paon sans lui en faire hommage. » Enfin, il prouva par des citations victorieuses, tirées des œuvres encyclopédiques de SWEDENBORG, que ce grand prophète avait devancé de plusieurs siècles la marche lente des sciences humaines. Il suffit, en effet, de lire ses œuvres philosophiques et minéralogiques, pour en être convaincu. Dans tel passage, il se fait le précurseur de la chimie actuelle, en annonçant que les productions de la nature organisée sont toutes décomposables, et que l'eau, l'air, le feu, *ne sont pas des élémens*; dans tel autre, il va par quelques mots au fond des mystères magnétiques dont il ravit ainsi la première connaissance à Mesmer. — Enfin, voici de lui, dit M. Becker en montrant une longue planche attachée entre le poêle et la croisée, sur laquelle étaient des livres de toutes grandeurs, voici dix-sept ouvrages différens, dont un seul, ses OEuvres Philosophiques et Minéralogiques, publiées en 1734, ont trois volumes in-folio. Ces productions, qui attestent les connaissances positives de SWEDENBORG, m'ont été données par M. Séraphîtüs, son cousin, père de Séraphîta.

En 1740, SWEDENBORG tomba dans un silence absolu, d'où il ne sortit que pour quitter ses occupations temporelles, et penser exclusivement au monde spirituel. Il

reçut les premiers ordres du ciel en 1745.
Voici comment il a raconté sa vocation :
Un soir, à Londres, après avoir dîné de
grand appétit, un brouillard épais se ré-
pandit dans sa chambre. Quand les ténèbres
se dissipèrent, une créature qui avait pris la
forme humaine se leva du coin de sa chambre et lui dit d'une voix terrible : *Ne mange
pas tant!* Il fit une diète absolue. La nuit
suivante le même homme vint, rayonnant de
lumière, et lui dit : *Je suis envoyé par
Dieu qui t'a choisi pour expliquer aux
hommes le sens de sa parole et de ses
créations. Je te dicterai ce que tu dois
écrire.* La vision dura peu de momens.
LE SEIGNEUR était, disait-il, vêtu de
pourpre. Pendant cette nuit, les yeux de son
homme intérieur furent ouverts et dispo-
sés pour voir dans le Ciel, dans le monde
des Esprits et dans les Enfers ; trois sphères
différentes où il rencontra des personnes de

sa connaissance, dont les unes avaient péri dans leur forme humaine depuis long-temps, les autres depuis peu. Dès ce moment, SWE-DENBORG a constamment vécu de la vie des Esprits, et resta dans ce monde comme Envoyé de Dieu. Si sa mission lui fut contestée par les incrédules, sa conduite fut évidemment celle d'un être supérieur à l'humanité. D'abord, quoique borné par sa fortune au strict nécessaire, il a donné des sommes immenses, et notoirement relevé, dans plusieurs villes de commerce, de grandes maisons tombées ou qui allaient faillir. Aucun de ceux qui firent un appel à sa générosité ne s'en alla sans être aussitôt satisfait. Un Anglais incrédule s'est mis à sa poursuite, l'a rencontré dans Paris et a raconté que chez lui les portes restaient constamment ouvertes. Un jour, son domestique s'étant plaint de cette négligence, qui l'exposait à être soupçonné des vols dont il serait immanquablement victime : — Qu'il soit tranquille, dit SWEDENBORG en souriant, je lui pardonne sa défiance, il ne voit pas le gardien qui veille à ma porte. En effet, jamais, en quelque pays qu'il habitât, il ne ferma ses portes, et rien ne fut perdu chez lui. A Gothembourg, ville située à soixante milles de Stockholm, il annonça trois jours avant l'arrivée du courrier l'heure précise de l'incendie qui ravageait Stokholm, en faisant observer que sa maison n'était pas brûlée ; ce qui était vrai. La reine de Suède dit à Berlin au roi son frère, qu'une de ses dames étant assignée pour payer une somme qu'elle savait avoir été rendue par son mari avant qu'il mourût, mais n'en trouvant pas la quittance, alla chez SWEDENBORG et le pria de demander à son mari où pouvait être la preuve du paiement. Le lendemain, SWEDENBORG lui indiqua l'endroit où était la quittance ; mais comme, suivant le désir de cette dame, il avait prié le défunt de lui apparaître, celle-ci vit en songe son mari vêtu de la robe de chambre qu'il portait avant de mourir, il lui montra la quittance dans l'endroit désigné par SWEDENBORG, et où elle était effectivement cachée. Un jour, en s'embarquant à Londres dans le navire du capitaine Dixon, il entendit une dame qui demandait si l'on avait fait beaucoup de provisions : — Il n'en faut pas tant, répondit-il ; dans huit jours, à deux heures, nous serons dans le port de Stokholm. Ce qui arriva. L'état de vision dans lequel SWEDENBORG se mettait à son gré, relativement aux choses de la terre, et qui étonna tous ceux qui l'approchèrent par des effets merveilleux, n'était qu'une faible application de sa faculté de voir les cieux. Parmi ces visions, celles où il raconte ses voyages dans les TERRES ASTRALES, ne sont pas les moins curieuses, et ses descriptions doivent nécessairement surprendre par la naïveté des détails. Un homme dont l'immense portée scientifique est incontestable, qui réunissait en lui la conception, la volonté, l'imagination, aurait certes inventé mieux, s'il eût inventé. La littérature fantastique des Orientaux n'offre rien qui puisse donner une idée de cette œuvre étourdissante et pleine de poésies en germe, s'il est permis de comparer une œuvre de croyance aux œuvres de la fantaisie arabe. L'enlèvement de SWEDENBORG par l'ange qui lui servit de guide dans son premier voyage est d'une sublimité qui dépasse, de toute la distance que Dieu a mise entre la terre et le soleil, celle des épopées de Klopstock, de Milton, du Tasse et de Dante. Cette partie, qui sert de début à son ouvrage sur les TERRES AUSTRALES, n'a jamais été publiée ; elle appartient aux traditions orales laissées par SWEDENBORG aux trois disciples qui étaient au plus près de son cœur.

M. Silverichm la possède écrite. M. Séraphîtüs a voulu m'en parler quelquefois ; mais le souvenir de la parole de son cousin était si brûlant, qu'il s'arrêtait aux premiers mots et tombait dans une rêverie d'où rien ne le pouvait tirer. Le discours par lequel l'Ange prouve à **SWEDENBORG** que ces corps ne sont pas faits pour être errans et déserts, écrase, me disait le baron, toutes les sciences humaines, sous le grandiose d'une logique divine. Selon lui, les habitans de Jupiter ne cultivent point les sciences qu'ils nomment des ombres ; ceux de Mercure détestent l'expression des idées par la parole qui leur semble trop matérielle, ils ont un langage oculaire ; ceux de Saturne sont continuellement tentés par de mauvais esprits ; ceux de la Lune sont petits comme des enfans de six ans, leur voix part de l'abdomen, et ils rampent ; ceux de Vénus sont d'une taille gigantesque, mais stupides, et

vivent de brigandages ; néanmoins une partie de cette planète a des habitans d'une grande douceur qui vivent dans l'amour du bien. Enfin, **SWEDENBORG** décrit les mœurs des peuples attachés à ces globes, et traduit le sens général de leur existence par rapport à l'univers, en des termes si précis ; il donne des explications qui concordent si bien aux effets de leurs révolutions apparentes dans le système général du monde, que, peut-être un jour, les savans viendront-ils s'abreuver à ces sources lumineuses. Voici, dit M. Becker après avoir pris un livre en l'ouvrant à l'endroit marqué par le signet, voici par quelles paroles il a terminé cette œuvre : « Si l'on doute que
« j'aie été transporté dans un grand nombre
« de terres astrales, qu'on se rappelle mes
« observations sur les distances dans l'autre
« vie ; elles n'existent que relativement à l'é-
« tat externe de l'homme ; or, ayant été dis-

« posé intérieurement comme les Esprits An-
« géliques de ces terres, j'ai pu les connaître. »

Les circonstances auxquelles nous avons dû de posséder dans ce canton le baron Séraphîtüs, cousin bien-aimé de SWEDENBORG, ne m'ont laissé étranger à aucun événement de cette vie extraordinaire. Il fut accusé dernièrement d'imposture dans quelques papiers publics de l'Europe, qui rapportèrent le fait suivant, d'après une lettre du chevalier Beylon. SWEDENBORG, disait-on, *instruit par des sénateurs de la correspondance secrète de la feue reine de Suède avec le prince de Prusse, son frère, en révéla les mystères à cette princesse, et la laissa croire qu'il en avait été instruit par des moyens surnaturels.* Un homme digne de foi, M. Charles-Léonhard de Stahlhammer, capitaine dans la garde royale, et chevalier de l'Épée, a répondu par une lettre à cette calomnie.

Le pasteur chercha dans le tiroir de sa table parmi quelques papiers, finit par y trouver une gazette, et la tendit à Wilfrid qui lut à haute voix la lettre suivante :

« Stockholm, 13 mai 1788.

« J'ai lu avec étonnement la lettre qui rapporte l'entretien qu'a eu le fameux Swedenborg avec la reine Louise-Ulrique ; les circonstances en sont tout à fait fausses, et j'espère que l'auteur me pardonnera si, par un récit fidèle qui peut être attesté par plusieurs personnes de distinction qui étaient présentes, et qui sont encore en vie, je lui montre combien il s'est trompé. En 1758, peu de temps après la mort du prince de Prusse, Swedenborg vint à la cour : il avait coutume de s'y trouver régulièrement. A peine eut-il été aperçu de la reine, qu'elle lui dit : « A propos, monsieur l'assesseur, avez-vous vu mon frère ? » Swedenborg répondit que non, et la reine lui répliqua : « Si vous le rencontrez, saluez-le de ma part. » En disant cela, elle n'avait d'autre intention que de plaisanter, et ne pensait nullement à lui demander la moindre instruction touchant son frère. Huit jours après, et non pas vingt-quatre jours après, ni dans une audience particulière, Swedenborg vint de nouveau à la cour, mais de si bonne heure, que la reine n'avait pas encore quitté son appartement, appelé la Chambre-Blanche, où elle causait avec ses dames d'honneur et d'autres femmes de la cour. Swedenborg n'attend point que la reine sorte, il entre directement dans son appartement et lui parle bas à l'oreille. La reine, frappée d'étonnement, se trouva mal, et eut besoin de quelque temps pour se remettre. Revenue à elle-même, elle dit aux personnes qui l'entouraient : « Il n'y a que Dieu et mon frère qui puissent savoir ce qu'il vient de me dire ! » Elle avoua qu'il lui avait parlé de sa dernière correspondance avec ce prince, dont le sujet n'était connu que d'eux seuls. Je ne puis expliquer comment Swedenborg eut connaissance de ce secret ; mais ce que je puis assurer sur mon honneur, c'est que ni le comte H..., comme le dit l'auteur de la lettre, ni personne, n'a intercepté ou lu les lettres de la reine. Le sénat d'alors lui permettait d'écrire à son frère dans la plus grande sécurité, et regardait cette correspondance comme très indifférente à l'état. Il est évident que l'auteur de la susdite lettre n'a pas du tout connu le caractère du comte H..... Ce seigneur respectable, qui a rendu les services les plus importans à sa patrie, réunit aux talens de l'esprit les qualités du cœur, et son âge avancé n'affaiblit point en lui ces dons précieux. Il joignit toujours, pendant toute son administration, la politique la plus éclairée à la plus scrupuleuse intégrité, et se déclara l'ennemi des intrigues secrètes et des menées sourdes, qu'il regardait comme des moyens indignes pour arriver à son but. L'auteur n'a pas mieux connu l'assesseur Swedenborg. La seule faiblesse de cet homme, vraiment honnête, était de croire aux apparitions des esprits ; mais je l'ai connu pendant très long-temps, et je puis assurer qu'il était aussi persuadé de parler et de converser avec des esprits, que je le suis, moi, dans ce moment, d'écrire ceci. Comme citoyen et comme ami, c'était l'homme le plus intègre, ayant en horreur l'imposture, et menant une vie exemplaire. L'explication qu'a voulu donner de ce fait le chevalier Beylon est, par conséquent, destituée de fondement ; et la visite faite pendant la nuit à SWEDENBORG, par les comtes H... et T..., est entièrement controuvée. Au reste, l'auteur de la lettre peut être assuré que je ne suis rien moins que sectateur de **SWEDENBORG** ; l'amour seul de la vérité m'a engagé à rendre avec fidélité un fait qu'on a si souvent rapporté avec des détails entièrement faux, et j'affirme ce que je viens d'écrire, en apposant la signature de mon nom. »

— Les témoignages que **SWEDENBORG** a donné de sa mission aux familles de Suède et de Prusse ont sans doute fondé la croyance dans laquelle vivent plusieurs personnages de ces deux cours, reprit **M.** Becker en remettant la gazette dans son tiroir. — Néanmoins, dit-il en continuant, je ne vous dirai pas tous les faits de sa vie matérielle et visible ; ses mœurs s'opposaient à ce qu'ils fussent exactement connus. Il vivait caché, sans vouloir s'enrichir ou parvenir à la célébrité. Il se distinguait même par une sorte de répugnance à faire des prosélytes, s'ouvrait à peu de personnes, et ne communiquait ses dons extérieurs qu'à celles en qui éclataient la foi, la sagesse et l'amour. Il savait reconnaître par un seul regard l'état de l'ame de ceux qui l'approchaient, et changeait en Voyans ceux qu'il voulait toucher de sa parole intérieure. Ses disciples ne lui ont, depuis l'année 1745, jamais rien vu faire par aucun motif humain. Une seule personne, un prêtre suédois, nommé Matthésius, l'accusa de folie. Par un hasard extraordinaire, ce Matthésius, ennemi de SWEDENBORG et de ses écrits, devint fou peu de temps après, et vivait encore il y a quelques années à Stockholm avec une pension accordée par le roi de Suède. L'éloge de SWEDENBORG a d'ailleurs été composé avec un soin minutieux, quant aux événemens de sa vie, et prononcé, dans la grande salle de l'Académie royale des sciences, à Stockholm, par M. de Sandel, conseiller au collége des Mines, en 1786. Enfin une déclaration reçue par le lord-maire, à Londres, constate les moindres détails de la dernière maladie et de la mort de SWEDENBORG, qui fut alors assisté par M. Férélius, ecclésiastique suédois de la plus haute distinction. Les personnes comparues attestent que, loin d'avoir démenti ses écrits, SWEDENBORG en a constamment attesté la vérité, — « Dans cent ans, dit-il à M. Férélius, ma doctrine régira l'ÉGLISE. » Il a prédit fort exactement le jour et l'heure de sa mort. Le jour même, le dimanche 29 mars 1772, il demanda l'heure. — Cinq heures, lui répondit-on. — Voilà qui est fini, dit-il, Dieu vous bénisse! Puis, dix minutes après, il expira de la manière la plus tranquille en poussant un léger soupir. La simplicité, la médiocrité, la solitude, furent donc les traits de sa vie. Quand il avait achevé l'un de ses traités, il s'embarquait pour aller l'imprimer à Londres ou en Hollande, et n'en parlait jamais. Il publia successivement ainsi vingt-sept traités différens, tous écrits, dit-il, sous la dictée des anges. Que ce soit ou non; peu d'hommes sont assez forts pour en soutenir les flammes orales. Les voici tous, dit M. Becker en montrant une seconde planche sur laquelle étaient une soixantaine de volumes. Les sept traités où l'esprit de Dieu jette ses plus vives lueurs, sont : LES DÉLICES DE L'AMOUR CONJUGAL, — LE CIEL ET L'ENFER, — L'APOCALYPSE RÉVÉLÉE, — L'EXPOSITION DU SENS INTERNE, — L'AMOUR DIVIN, — LE VRAI CHRISTIANISME, — LA SAGESSE ANGÉLIQUE DE L'OMNIPOTENCE, OMNISCIENCE, OMNIPRÉSENCE DE CEUX QUI PARTAGENT L'ÉTERNITÉ, L'IMMENSITÉ DE DIEU. Son explication de l'Apocalypse commence par ces paroles, dit M. Becker en prenant et ouvrant le premier volume qui se trouvait près de lui. *Ici, je n'ai rien mis du mien, j'ai parlé d'après le Seigneur qui avait dit par le même ange à Jean :* TU NE SCELLERAS PAS LES PAROLES DE CETTE PROPHÉTIE. (Apocalypse, 22. 10.) »

— Mon cher monsieur, dit M. Becker en regardant Wilfrid, j'ai souvent tremblé de tous mes membres pendant les nuits d'hiver, en lisant ces œuvres terribles, où cet homme déclare avec une parfaite innocence les plus grandes merveilles. « J'ai vu, dit-il, les cieux
« et les anges. L'homme spirituel voit l'homme
« spirituel beaucoup mieux que l'homme ter-
« restre ne voit l'homme terrestre. En décri-
« vant les merveilles des cieux, et au-dessous
« des cieux, j'obéis à l'ordre que le Seigneur
« m'a donné de le faire. On est le maître de
« ne pas me croire, je ne puis mettre les au-
« tres dans l'état où Dieu m'a mis ; il ne dé-
« pend pas de moi de les faire converser avec
« les anges, ni d'opérer le miracle de la dis-
« position expresse de leur entendement.
« Ils sont eux-mêmes les seuls instrumens
« de leur exaltation angélique. Voici vingt-
« huit ans que je suis dans le monde spi-
« rituel avec les anges, et sur la terre avec

« les hommes ; car il a plu au Seigneur de « m'ouvrir les yeux de l'Esprit, comme il « les ouvrit à Paul, à Daniel et à Élisée. » Néanmoins, certaines personnes ont des visions du monde spirituel par le détachement complet que le somnambulisme opère entre leur forme extérieure et leur homme intérieur. *Dans cet état*, dit SWEDENBORG en son traité DE LA SAGESSE ANGÉLIQUE (n° 257), *l'homme peut être élevé jusques dans la lumière céleste, parce que les sens corporels étant abolis, l'influence du ciel agit sans obstacle sur l'homme intérieur.* Beaucoup de gens, qui ne doutent point que SWEDENBORG n'ait eu des révélations célestes, pensent néanmoins que tous ses écrits ne sont pas également empreints de l'inspiration divine. D'autres exigent une adhésion absolue à tout SWEDENBORG, en admettant qu'il s'y rencontre des obscurités ; mais ils croient que l'imperfection du langage terrestre a empêché le prophète d'exprimer ses visions spirituelles dont les obscurités disparaissent aux yeux de ceux que la foi a régénérés ; car, suivant l'admirable expression de son plus grand disciple, *la chair est une génération extérieure.* Pour les poètes et les écrivains, son merveilleux est immense ; pour les Voyans, tout en est d'une réalité pure. Ses descriptions ont été pour quelques chrétiens des sujets de scandale. Certains critiques ont ridiculisé la substance céleste de ses temples, de ses palais d'or, de ses villa superbes où s'ébattent les anges ; d'autres se sont moqués de ses bosquets d'arbres mystérieux, de ses jardins où les fleurs parlent, où l'air est blanc, où les pierreries mystiques, la sardoine, l'escarboucle, la chrysolite, la chrysoprase, la cyanée, la chalcédoine, le béryl, l'URIM et le THUMIM sont doués de mouvement, expriment des vérités célestes, et qu'on peut interroger, car elles répondent par des variations de lumière (VRAIE RELIGION, 219); beaucoup de bons esprits n'admettent pas ses mondes où les couleurs font entendre de délicieux concerts, où les paroles flamboient, où le Verbe s'écrit en cornicules (VRAIE RELIGION, 278). Dans le Nord même, quelques écrivains ont ri de ses portes de perles, des diamans qui tapissent et meublent les maisons de sa Jérusalem où les moindres ustensiles sont faits des substances les plus rares sur notre globe. « Mais, disent ses disciples, parce que tous ces objets sont clairsemés dans ce monde, est-ce une raison pour qu'ils ne soient pas abondans en l'autre? Sur la terre, ils sont d'une substance terrestre, tandis que dans les cieux, ils sont sous les apparences célestes et relatives à l'état d'ange. » SWEDENBORG a d'ailleurs répété à ce sujet ces grandes paroles de JÉSUS-CHRIST : *Je vous enseigne en me ser-*

vant des paroles terrestres, et vous ne m'entendez pas ; si je parlais le langage du ciel, comment pourriez-vous me comprendre ? (Jean, 3-12.) —Monsieur, moi, j'ai lu SWEDENBORG en entier, reprit M. Becker en laissant échapper un geste emphatique. Je le dis avec orgueil, puisque j'ai gardé ma raison. En le lisant, il faut ou perdre le sens ou devenir un Voyant. Quoique j'aie résisté à ces deux folies, j'ai souvent éprouvé des ravissemens inconnus, des saisissemens profonds, des joies intérieures que donnent seules la plénitude de la vérité, l'évidence de la lumière céleste. Tout ici-bas semble petit quand l'ame parcourt les pages dévorantes de ces Traités. Il est impossible de ne pas être frappé d'étonnement en songeant que, dans l'espace de trente ans, cet homme a publié sur les vérités du Monde Spirituel vingt-cinq volumes in-quarto, écrits en latin, dont le moindre a cinq cents pages, et qui sont tous imprimés en petits caractères. Il en a laissé, dit-on, vingt autres à Londres, déposés à son neveu, M. Silverichm, ancien aumônier du roi de Suède. Certes, l'homme qui, de vingt à soixante ans, s'était presque épuisé par la publication d'une sorte d'encyclopédie, a dû recevoir des secours surnaturels pour composer ces prodigieux traités, à l'âge où les forces de l'homme commencent à s'éteindre. Dans ces écrits, il se trouve des milliers de propositions numérotées, dont aucune ne se contredit. Partout, l'exactitude, la méthode, la présence d'esprit, éclatent et découlent d'un même fait, l'existence des anges. Sa Vraie Religion, où se résume tout son dogme, œuvre vigoureuse de lumière, a été conçue, exécutée à quatre-vingt-trois ans. Enfin, son ubiquité, son omniscience n'est démentie par aucun de ses critiques, ni par ses ennemis. Néanmoins, quand je me suis abreuvé à ce torrent de lueurs célestes, Dieu ne m'a pas ouvert les yeux intérieurs et j'ai jugé ces écrits avec la raison d'un homme non régénéré. J'ai donc souvent trouvé que l'INSPIRÉ SWEDENBORG avait dû parfois mal entendre les anges. J'ai ri de plusieurs visions auxquelles j'aurais dû, suivant les Voyans, croire avec admiration. Je n'ai conçu ni l'écriture corniculaire des anges, ni leurs ceintures dont l'or est plus ou moins faible. Si, par exemple, cette phrase: IL EST DES ANGES SOLITAIRES, m'a singulièrement attendri d'abord; par réflexion, je n'ai pas accordé cette solitude avec leurs mariages. Je n'ai pas compris pourquoi la Vierge Marie conserve, dans le ciel, des habillemens de satin blanc. J'ai osé me demander pourquoi les gigantesques démons Enakim et Héphilim venaient toujours combattre les chérubins dans les champs apocalyptiques d'Armageddon. J'ignore comment les Satans peuvent encore discuter avec les anges. M. le baron Séraphîtüs m'objectait que ces détails concernaient les anges qui demeuraient sur la terre sous forme humaine. Souvent les visions du prophète suédois sont barbouillées de figures grotesques. Un de ses MÉMORABLES, nom qu'il leur a donné, commence par ces paroles : — « Je vis des esprits rassemblés, ils avaient des chapeaux sur leur tête. » Dans un autre Mémorable, il reçoit du ciel un petit papier sur lequel il vit. dit-il, les lettres dont se servaient les peuples primitifs, et qui étaient composées de lignes courbes, avec de petits anneaux qui se portaient en haut. Pour mieux attester sa communication avec les cieux, j'aurai voulu qu'il déposât ce petit papier à l'Académie royale des sciences de Suède. Enfin peut-être ai-je tort, peut-être les absurdités matérielles semées dans ses ouvrages ont-elles des significations spirituelles. Autrement comment admettre la croissante influence de sa religion? Son EGLISE compte aujourd'hui plus de sept cent mille fidèles, tant aux Etats-Unis d'Amérique, où différentes sectes s'y agrégent en masse, qu'en Angleterre, où sept mille Swedenborgistes se trouvent dans la seule ville de Manchester. Des hommes aussi distingués par leurs connaissances que par leur rang dans le monde, soit en Allemagne, soit en Prusse et dans le Nord, ont publiquement adopté les croyances de SWEDENBORG, plus consolantes d'ailleurs que ne le sont celles des autres communions chrétiennes. Maintenant je voudrais bien pouvoir vous expliquer en quelques paroles succintes les points capitaux de la doctrine que SWEDENBORG a établie pour son Église ; mais cet abrégé, fait de mémoire, serait nécessairement fautif. Je ne puis donc me permettre de vous parler que des Arcanes qui concernent la naissance de Séraphita.

Ici M. Becker fit une pause pendant laquelle il parut se recueillir pour rassembler ses idées, et reprit ainsi : — Après avoir mathématiquement établi que l'homme vit éternellement en des sphères, soit inférieures, soit supérieures, SWEDENBORG appelle Esprits Angéliques les êtres qui, dans ce monde, sont préparés pour le ciel, où ils se font anges. Selon lui, Dieu n'a pas créé d'anges spécialement, il n'en existe point qui n'ait été homme sur la terre ; la terre est ainsi la pépinière du ciel. Les anges ne sont donc pas anges par eux-mêmes (SAG. ANG. 57) ; ils le deviennent par une conjonction intime avec Dieu, à laquelle Dieu ne se refuse jamais : l'essence de Dieu n'étant jamais négative, mais incessamment active. Ces Esprits Angéliques passent par trois natures d'amour, car l'homme ne peut être régénéré que successivement (VRAIE REL.). D'abord l'AMOUR DE SOI : la suprême expression de cet amour est le génie humain dont nous admirons les œuvres. Puis l'AMOUR DU MONDE, qui produit les prophètes, les grands hommes que la Terre prend pour guides et salue du nom de divins. Enfin l'AMOUR DU CIEL, qui fait les Esprits Angéliques. Ces Esprits sont, pour ainsi dire, les fleurs de l'humanité qui s'y résume et travaille à s'y résumer. Ils doivent avoir ou l'Amour du ciel ou la Sagesse du ciel ; mais ils sont toujours dans l'Amour avant d'être dans la Sagesse. Ainsi la première transformation de l'homme est l'AMOUR. Pour arriver à ce premier degré, ses existers antérieurs ont dû passer par l'Espérance et la Charité qui l'engendrent pour la Foi et la Prière. Les idées acquises par l'exercice de ces vertus se transmettent à chaque nouvelle enveloppe humaine sous laquelle se cachent les métamorphoses de l'ÊTRE INTÉRIEUR ; car rien ne se sépare, tout est nécessaire : l'Espérance ne va pas sans la Charité, la Foi ne va pas sans la Prière ; les quatre faces de ce carré sont solidaires. « Faute d'une vertu, dit-il, l'Esprit Angélique est comme une perle brisée. » Chacun de ces existers est donc un cercle dans lequel s'enroulent les richesses célestes de l'état antérieur. La grande perfection des Esprits Angéliques vient de cette mystérieuse progression par laquelle rien ne se perd des qualités successivement acquises pour arriver à leur glorieuse incarnation ; car à chaque transformation ils se dépouillent insensiblement de la chair et de ses erreurs. Quand il vit dans l'Amour, l'homme a quitté toutes ses passions mauvaises. L'Espérance, la Charité, la Foi, la Prière, ont *vanné*, suivant le mot d'Isaïe, son intérieur qui ne doit plus être pollué par aucune des affections terrestres. De là cette grande parole de saint Luc : *Faites-vous un trésor qui ne périsse pas dans les cieux*. Et celle de Jésus-Christ :

Laissez ce monde aux hommes, il est à eux; faites-vous purs, et venez chez mon père. La seconde transformation est la Sagesse. La Sagesse est la compréhension des choses célestes auxquelles l'Esprit arrive par l'Amour. L'Esprit d'Amour a conquis la force, résultat de toutes les passions terrestres vaincues ; il aime aveuglément Dieu. Mais l'Esprit de Sagesse a l'intelligence et sait pourquoi il aime. Les ailes de l'un sont déployées et l'emportent vers Dieu, les ailes de l'autre sont repliées par la terreur que lui donne la Science : il connaît Dieu ; l'un désire incessamment le voir et s'élance vers lui, l'autre y touche et tremble. L'union qui se fait d'un Esprit d'Amour et d'un Esprit de Sagesse met la créature à l'état divin, pendant lequel son ame est FEMME, et son corps est HOMME, dernière expression humaine où l'Esprit l'emporte sur la Forme, où la Forme se débat encore contre l'Esprit divin; car la forme, la chair ignore, se révolte, et veut rester grossière. Cette épreuve suprême engendre des souffrances inouïes dont les cieux sont seuls témoins, et que Christ a connues dans le jardin des Oliviers. Après la mort, le premier ciel s'ouvre à cette double nature humaine purifiée. Aussi les hommes meurent-ils dans le désespoir, tandis que l'Esprit meurt dans le ravissement. Ainsi LE NATUREL état dans lequel sont les êtres non régénérés; LE SPIRITUEL, état dans lequel sont les Esprits Angéliques; et LE DIVIN, état dans lequel demeure l'ange avant de briser son enveloppe, sont les trois degrés de l'exister par lesquels l'homme parvient au ciel. Une pensée de SWEDENBORG vous expliquera merveilleusement la différence qui existe entre le NATUREL et le SPIRITUEL : — *Pour les hommes, dit-il, le Naturel passe dans le Spirituel, ils considèrent le monde sous ses for-*

mes *visibles et le perçoivent dans une réalité propre à leurs sens. Mais pour l'Esprit Angélique*, le Spirituel *passe dans* le Naturel, *il considère le monde dans son esprit intime, et non dans sa forme.* Ainsi, nos sciences humaines ne sont que l'analyse des formes. Le savant selon le monde est purement extérieur comme son savoir, son *intérieur* ne lui sert qu'à conserver son aptitude à l'intelligence de la vérité. L'Esprit Angélique va bien au-delà, son savoir est la pensée dont la science humaine n'est que la parole ; il puise la connaissance des choses dans le Verbe, en apprenant LES CORRESPONDANCES par lesquelles les mondes concordent avec les cieux. La PAROLE de Dieu fut entièrement écrite par pures Correspondances, elle couvre un sens interne ou spirituel qui, sans la science des Correspondances, ne peut être compris. Il existe, dit SWEDENBORG, (**doctrine céleste**, 26) des Arcanes innombrables dans le sens interne des Correspondances. Aussi les hommes qui se sont moqués des livres où les prophètes ont recueilli la Parole, étaient-ils dans l'état d'ignorance où sont ici-bas les hommes qui ne savent rien d'une science, et se moquent des vérités de cette science. Savoir les Correspondances de la Parole avec les cieux, savoir les Correspondances qui existent entre les choses visibles et pondérables du monde terrestre et les choses invisibles et impondérables du monde spirituel, c'est *avoir les cieux dans son entendement.* Tous les objets des diverses créations étant émanés de Dieu, comportent nécessairement un sens caché, comme le disent ces grandes paroles d'Isaïe : *La terre est un vêtement* (Isaïe, 5, 6). Ce lien mystérieux entre les moindres parcelles de la matière et les cieux constitue ce que SWEDENBORG appelle un Arcane Céleste.

Aussi son traité des Arcanes Célestes, où sont expliquées les Correspondances ou signifiances du Naturel au Spirituel, devant donner, suivant l'expression de Jacob Boehm, *la signature de toute chose*, n'a-t-il pas moins de seize volumes et de treize mille propositions. « Cette connaissance merveilleuse des « Correspondances, que la bonté de Dieu « permit à SWEDENBORG d'avoir, dit un « de ses disciples, est le secret de l'intérêt « qu'inspirent ses ouvrages. Selon ce com- « mentateur, là tout dérive du ciel, tout « rappelle au ciel ; les écrits du prophète « sont sublimes et clairs ; il parle dans les « cieux et se fait entendre sur la terre ; sur « une de ses phrases on ferait un volume. » Et le disciple cite celle-ci entre mille autres : *Le royaume du ciel*, dit SWEDENBORG (ARCAN. CÉLES.), *est le royaume des motifs. L'*ACTION *se produit dans le ciel, de là dans le monde, et par de-*

grés dans les infiniment petits de la terre ; les effets terrestres étant liés à leurs causes célestes font que tout y est CORRESPONDANT *et* SIGNIFIANT. *L'homme est le moyen d'union entre le Naturel et le Spirituel.* Les Esprits Angéliques connaissent donc essentiellement les Correspondances qui relient au ciel chaque chose de la terre, et savent le sens intime des paroles prophétiques qui en dénoncent les révolutions. Ainsi, pour ces Esprit tout ici-bas a sa signifiance. La moindre fleur est une pensée, une vie qui correspond à quelques linéament du Grand-Tout dont ils ont une constante intuition. Pour eux, L'ADULTÈRE et les débauches dont parlent les Écritures et les Prophètes, souvent estropiés par de soi-disant écrivains, signifient l'état des ames qui dans ce monde. persistent à s'infecter d'affections terrestres, et continuent ainsi leur divorce avec le ciel. Les nuées signifient les voiles dont s'enveloppe Dieu. Les flambeaux, les pains de proposition, les chevaux et les cavaliers, les prostituées, les pierreries, tout dans l'ÉCRITURE a pour eux un sens exquis et révèle l'avenir des faits terrestres dans leurs rapports avec le ciel. Tous peuvent pénétrer la vérité des ÉNONCÉS de saint Jean, que la science humaine démontre et prouve matériellement plus tard, tels que celui-ci : « gros, dit SWEDENBORG, de plusieurs sciences humaines. » *Je vis un nouveau ciel et une nouvelle terre, car le premier ciel et la première terre étaient passés.* (AP., XXI, 1): Ils connaissent les *festins où l'on mange la chair des rois, des hommes libres et des esclaves*, et auxquels convie un ange debout dans le soleil (APOCAL , XIX , 11 à 18). Ils voient *la femme ailée, revêtue du soleil*, *et l'homme toujours armé* (APOCAL.). Le cheval de l'Apocalypse est, dit **SWEDENBORG**, l'image visible de l'intelligence humaine montée par la mort, car elle porte en elle son principe de destruction. Enfin, ils reconnaissent les peuples cachés sous des formes qui semblent fantastiques aux ignorans. Quand un homme est disposé à recevoir l'insufflation prophétique des Correspondances, elle réveille en lui l'esprit de la Parole ; il comprend alors que les créations ne sont que des transformations ; elle vivifie son intelligence, et lui donne pour les vérités une soif ardente qui ne peut s'étancher que dans le ciel. Il conçoit, suivant le plus ou le moins de perfection de son intérieur, la puissance des Esprits Angéliques, et marche, conduit par le Désir, l'état le moins imparfait de l'homme non régénéré, vers l'Espérance qui lui ouvre le monde des Esprits, puis il arrive à la Prière qui lui donne la clef des Cieux. Quelle créature ne désirerait se rendre digne d'entrer dans la sphère des intel-

ligences qui vivent secrètement par l'Amour
ou par la Sagesse? Ici-bas, pendant leur vie,
ces Esprits restent purs; ils ne voient, ne
pensent et ne parlent point comme les autres hommes. Il existe deux perceptions : l'une
interne, l'autre externe; l'Homme est tout
externe, l'Esprit Angélique est tout interne.
L'Esprit va au fond des Nombres, dont il possède la totalité, dont il connaît les signifiances, et il dispose du mouvement. Il s'associe à
tout par l'ubiquité : *Un ange*, selon le Prophète suédois *est présent à un autre quand
il le désire* (SAP. ANG. DE DIV. AM.) ; car il
a le don de se séparer de son corps, et voit
les cieux comme les prophètes les ont vus,
et comme SWEDENBORG les voyait lui-
même. « Dans cet état, dit-il (VRAIE RELI-
GION, 136), l'esprit de l'homme est transporté
d'un lieu à un autre, le corps restant où il
est, état dans lequel j'ai demeuré pendant
vingt-six années. » Nous devons entendre

ainsi toutes les paroles bibliques où il est dit : L'esprit m'emporta. La Sagesse angélique est à la Sagesse humaine ce que les innombrables forces de la nature sont à son action, qui est une. Tout revit, se meut, existe en l'Esprit, car il est en Dieu, ce qu'expriment ces paroles de saint Paul : « *In deo sumus, movemus, et vivimus,* » nous vivons, nous agissons, nous sommes en Dieu. La Terre ne lui offre aucun obstacle, comme la Parole ne lui offre aucune obscurité. Sa divinité prochaine lui permet de voir la pensée de Dieu voilée par le Verbe, de même que, vivant par l'esprit, il communique avec le sens intime caché sous toutes les choses de ce monde. La Science est le langage du monde Temporel, l'Amour est celui du monde Spirituel. Aussi l'homme décrit-il plus qu'il n'explique, tandis que l'Esprit Angélique voit et comprend. La Science attriste l'homme, l'Amour exalte l'ange ; la Science cherche encore, l'Amour a trouvé. L'Homme juge la nature dans ses rapports avec elle, l'Esprit Angélique la juge dans ses rapports avec le ciel. Enfin tout parle aux Esprits; ils sont dans le secret de l'harmonie de créations entre elles. Ils s'entendent avec l'esprit des sons, avec l'esprit des couleurs, avec l'esprit des végétaux. Ils peuvent interroger le minéral, et le minéral répond à leurs pensées. Que sont pour eux les sciences et les trésors de la terre, quand ils les étreignent à tout moment par leur vue, et que les mondes, dont les hommes s'occupent tant, ne sont pour eux que la dernière marche d'où ils vont s'élancer à Dieu? L'Amour du ciel ou la Sagesse du ciel s'annoncent en eux par un cercle de lumière qui les entoure et que voient les élus. Leur innocence, dont celle des enfans est la forme extérieure, a la connaissance des choses que n'ont point les enfans; ils sont innocens et savans. — « Et, dit SWEDEN-

« BORG, l'innocence des cieux fait une
« telle impression sur l'ame, que ceux
« qu'elle affecte en gardent un ravissement
« qui dure toute leur vie, comme je l'ai
« moi-même éprouvé. Il suffit peut-être,
« dit-il encore, d'en avoir une minime per-
« ception pour être à jamais changé, pour
« vouloir aller aux cieux et entrer ainsi dans
« la sphère de l'Espérance. » Sa doctrine
sur les mariages peut se réduire à ce peu
de mots : « Le Seigneur a pris la beauté,
l'élégance de la vie de l'homme et l'a
transportée dans la femme. Quand l'homme
n'est pas réuni à cette beauté, à cette
élégance de sa vie, il est sévère, triste et
farouche; quand il y est réuni, il est joyeux,
il est complet. » Les anges sont toujours
dans le point le plus parfait de la beauté.
Leurs mariages sont célébrés par des céré-
monies merveilleuses. Dans cette union,
qui ne produit point d'enfans, l'homme

a donné L'ENTENDEMENT, la femme a donné
la VOLONTÉ. Ils deviennent un seul être, UNE
SEULE chair ici-bas ; puis, ils vont aux cieux
après avoir revêtu la forme céleste. Ici-bas,
dans l'état naturel, le penchant mutuel des
deux sexes vers les voluptés est un EFFET qui
entraîne et fatigue et dégoût ; mais sous sa
forme céleste, le couple devenu *le même* Esprit trouve en lui-même une CAUSE incessante de voluptés. SWEDENBORG a vu
ce mariage des Esprits, qui, selon saint
Luc, n'a point de noces (20, 35), et
qui ne donne que des plaisirs spirituels.
Un ange s'offrit à le rendre témoin d'un mariage et l'entraîna sur ses ailes (les ailes sont
un symbole et non une réalité terrestre).
Il le revêtit de sa robe de fête, et quand
SWEDENBORG se vit habillé de lumière,
il demanda pourquoi. — Dans cette cir-
constance, répondit l'ange, nos robes s'al-
lument, brillent et se font nuptiales.

(DELICIÆ SAP. DE AM. CONJ. , 19 , 20 , 21). Il aperçut alors deux anges qui vinrent, l'un du Midi, l'autre de l'Orient; l'ange du Midi était dans un char attelé de deux chevaux blancs, dont les rênes avaient la couleur et l'éclat de l'aurore; mais quand ils furent près de lui, dans le ciel, il ne vit plus ni les chars ni les chevaux. L'ange de l'Orient vêtu de pourpre, et l'ange du Midi vêtu d'hyacinthe accoururent comme deux souffles et se confondirent; l'un était un ange d'Amour, l'autre était un ange de Sagesse. Le guide de SWEDENBORG lui dit qu'ils avaient été liés sur la terre d'une amitié intérieure et toujours unis, quoique séparés par les espaces. Le consentement, qui est l'essence des bons mariages sur la terre, est l'état habituel des anges dans le ciel. L'amour est la lumière de leur monde. Le ravissement éternel des anges vient de la faculté que Dieu leur communique de lui rendre à lui-même la joie qu'ils en éprouvent. Cette réprocité d'infini fait leur vie. Dans le ciel, ils deviennent infinis en participant de l'essence de Dieu qui s'engendre par lui-même. L'immensité des cieux où vivent les anges est telle, que si l'homme était doué d'une vue aussi continuellement rapide que l'est la lumière en venant du soleil sur la terre et qu'il re‑ gardât pendant l'éternité, ses yeux ne trouveraient pas un horizon où se reposer. La lumière explique seule les félicités du ciel. C'est, dit-il (Sap., Aug., 7, 25, 26, 27), une vapeur de la vertu de Dieu, une émanation pure de sa clarté, d'une blancheur auprès de laquelle notre lumière serait l'obscurité. Elle peut tout, renouvelle tout, ne s'absorbe pas, environne l'ange et lui fait toucher Dieu par des jouissances infinies que l'on sent se multiplier infiniment par elles-mêmes. Cette lumière tue tout homme qui n'est pas préparé à la recevoir. Nul ici-bas, ni même dans le ciel, ne peut voir Dieu et vivre. Voilà pourquoi il est dit (*Ex.* XIX, 12, 13, 21, 22, 23) : *La montagne où Moïse parlait au Seigneur était gardée, de peur que quelqu'un venant à y toucher, ne mourût.* Puis encore (*Ex.* XXXIV, 29—35) : *Quand Moïse apporta les secondes Tables, sa face brillait tellement, qu'il fut forcé de la voiler pour ne faire mourir personne en parlant au peuple.* La transfiguration de Jésus-Christ accuse également la lumière que jette un Messager du ciel et les ineffables jouissances que trouvent les anges à en être continuellement imbus. *Sa face*, dit Saint Matthieu (XVII, 1-5), *resplendit comme le soleil, ses vêtemens devinrent comme la lumière, et un nuage couvrit ses disciples.* Enfin quand le monde n'enferme plus que des hommes qui se refusent au Seigneur, que sa parole est méconnue, que les Esprits Angéliques ont été assemblés des quatre vents, Dieu envoie un Ange exterminateur pour changer la masse du monde réfractaire qui n'est, pour lui, dans l'immensité de l'univers, que ce que peut être pour nous un germe infécond. En approchant du Globe, l'Ange Exterminateur porté sur une comète, le fait tourner sur son axe; les continens deviennent le fond des mers, les plus hautes montagnes deviennent des îles, et les pays, jadis couverts des eaux marines, renaissent parés de leur fraîcheur en obéissant aux lois de la Genèse, et la parole de Dieu reprend sa force sur une terre qui garde en tous lieux les effets de l'eau terrestre et du feu céleste. Alors la lumière, que l'Ange apporte d'En-Haut, fait pâlir le soleil. Alors, comme dit Isaïe (19-20) : *Les hommes entreront dans des fentes de rochers, se blottiront dans la poussière. Ils crieront* (Apocalypse, VII, 15-17) *aux montagnes : Tom-*

bez sur nous! A la mer : prends-nous! Aux airs : cachez-nous de la fureur de l'Agneau! L'Agneau est la grande figure des anges méconnus et persécutés ici-bas. Aussi Christ a-t-il dit : *Heureux ceux qui souffrent! Heureux les simples! Heureux ceux qui aiment!* Tout SWEDENBORG est là : Souffrir, Croire, Aimer. Pour bien aimer, ne faut-il pas avoir souffert, et ne faut-il pas croire? L'Amour engendre la Force et la Force donne la Sagesse; de là l'Intelligence, car la Force et la Sagesse comportent la Volonté. Être intelligent, n'est-ce pas Savoir, Vouloir et Pouvoir, les trois attributs de l'Esprit Angélique. *Si l'univers a un sens, voilà le plus digne de Dieu,* me disait M. Saint-Martin que je vis pendant le voyage qu'il fit en Suède.—Mais, monsieur, reprit M. Becker après une pause, que signifient ces lambeaux pris dans l'étendue d'une œuvre dont on ne peut donner une idée qu'en la comparant à un fleuve de lumière, à des ondées de flammes? Quand un homme s'y plonge, il est emporté par un courant terrible, et le poëme de Dante Alighieri fait à peine l'effet d'un point, à qui veut se plonger dans les innombrables versets à l'aide desquels SWEDENBORG a rendu palpables les mondes célestes, comme Beethoven a bâti ses palais d'harmonie avec des milliers de notes, comme les architectes ont édifié leurs cathédrales avec des milliers de pierres. Vous y roulez dans des gouffres sans fin, où votre esprit ne vous soutient pas toujours, et il est nécessaire d'avoir une puissante intelligence pour en revenir sain et sauf à nos idées sociales.

— SWEDENBORG, reprit le pasteur, affectionnait particulièrement le baron de Séraphîtz, dont, suivant un vieil usage suédois, le nom avait pris depuis un temps immémorial la terminaison latine üs. Le baron fut le plus ardent disciple du Prophète suédois qui avait ouvert en lui les yeux de l'Homme Intérieur, et l'avait disposé pour une vie conforme aux ordres d'En-Haut. Il chercha parmi les femmes un Esprit Angélique, et SWEDENBORG le lui trouva dans une vision. Sa fiancée fut la fille d'un cordonnier de Londres, en qui, disait SWEDENBORG, éclatait la vie du ciel, et dont les épreuves antérieures avaient été accomplies. Après la transformation du Prophète, le baron vint à Jarvis pour faire ses noces célestes dans les pratiques de la prière. Quant à moi, monsieur, qui ne suis point un Voyant, je ne me suis aperçu que des œuvres terrestres de ce couple. Leur vie a bien été celle des saints et des saintes dont l'Eglise romaine exalte les vertus ; ils ont adouci la misère des habitans et leur ont donné à tous une fortune qui ne va point sans un peu de travail, mais qui suffit à leurs besoins. Les gens qui vécurent près d'eux ne les ont jamais surpris dans un mouvement de colère ou d'impatience; ils ont été constamment bienfaisans et doux, pleins d'aménité, de grâce et de vraie bonté. Leur mariage a été l'harmonie de deux ames incessamment unies. Deux eiders volant du même vol, le son dans l'écho, la pensée dans la parole, sont peut-être des images imparfaites de leur union. Ici chacun les aimait de cette affection dont l'amour de la plante pour le soleil peut seul donner une idée. La femme était simple dans ses manières, belle de formes, belle de visage, et d'une noblesse semblable à celle des personnes les plus augustes. En 1783, dans la vingt-sixième année de son âge, cette femme conçut un enfant. Sa gestation fut une joie grave. Les deux époux faisaient ainsi leurs adieux au monde, car ils me dirent qu'ils seraient sans doute transformés quand leur enfant aurait quitté la robe de chair qui avait besoin de leurs soins jusqu'au moment où la force d'être par elle-même lui serait communiquée. L'enfant naquit et fut cette Séraphîta qui nous occupe en ce moment. Dès qu'elle fut conçue, son père et sa mère vécurent encore plus solitairement que par le passé, s'exaltant vers le ciel, par la Prière. Leur espérance était de voir SWEDENBORG, et la foi réalisa leur espérance. Le jour de la naissance de Séraphîta, SWEDENBORG se manifesta dans Jarvis, et remplit de lumière la chambre où naissait l'enfant. Ses paroles furent, dit-on : — *L'œuvre est accomplie, les cieux se réjouissent!* Les gens de la maison entendirent les sons étranges d'une mélodie, qui, disaient-ils, semblait être apportée des quatre points cardinaux par le souffle des vents. L'esprit de SWDENBORG emmena le père hors de la maison et le conduisit sur le Fiord, où il le quitta. Quelques hommes de Jarvis s'étant alors approchés de M. Séraphîtüs, l'entendirent prononçant ces suaves paroles de l'Ecriture : — *Combien sont beaux sur les montagnes les pieds de l'ange que nous envoie le Seigneur !* Je sortais du presbytère pour aller au château, y baptiser l'enfant, le nommer et accomplir les devoirs que m'imposent les lois, lorsque je rencontrai le baron. — Votre ministère est superflu, me dit-il, notre enfant doit être sans nom sur cette terre. Vous ne baptiserez pas avec l'eau de l'Eglise terrestre celui qui vient d'être ondoyé par le feu du Ciel ; cet enfant restera fleur, vous ne le verrez pas vieillir, vous le verrez passer ; vous avez l'exister, il a la vie ; vous avez des sens extérieurs, il n'en a pas, il est tout intérieur. Ces paroles furent prononcées d'une voix surnaturelle dont je fus affecté plus vivement encore que de l'éclat empreint sur son visage qui suait la lumière. Son aspect réalisait les fantastiques images que nous concevons des inspirés, en lisant les prophéties de la Bible ; mais de tels effets ne sont pas rares au milieu de nos montagnes, où le nitre des neiges subsistantes produit dans notre organisation d'étonnans phénomènes. Je lui demandai la cause de son émotion, — SWEDENBROG est venu, je le quitte, j'ai respiré l'air du ciel, me dit-il. — Sous quelle forme vous est-il apparu ? repris-je — Sous son apparence mortelle, vêtu comme il l'était la dernière fois que je le vis à Londres, chez Richard Shearsmith, dans le quartier de *Cold-Bath-Field*, en juillet 1771. Il portait son habit de ratine à reflets changeans, à boutons d'acier, son gilet fermé, sa cravate blanche, et la même perruque magistrale, à rouleaux poudrés sur les côtés, et dont les cheveux relevés par devant lui découvraient ce front vaste et lumineux en harmonie avec sa grande figure carrée, où tout est puissance et calme. J'ai reconnu ce nez à larges narines pleines de feu ; j'ai revu cette bouche qui a toujours souri, cette bouche angélique d'où sont sortis ces mots, pleins de mon bonheur : — A bientôt. Et j'ai senti les resplendissemens de l'amour céleste. La conviction qui brillait dans le visage du baron m'interdisait toute discussion ; je l'écoutais en silence ; sa voix avait une chaleur contagieuse qui m'échauffait les entrailles ; son fanatisme agitait mon cœur, comme la colère d'autrui nous fait vibrer les nerfs. Je le suivis en silence et vins dans sa maison, où j'aperçus l'enfant sans nom, couché sur sa mère, qui l'enveloppait mystérieusement. Séraphîta m'entendit venir et leva la tête vers moi, ses yeux n'étaient pas ceux d'un enfant ordinaire ; pour exprimer l'impression que j'en reçus, il faudrait dire qu'ils voyaient et pensaient déjà. L'enfance de cette créature prédestinée fut accompagnée de circonstances extraordinaires dans notre climat. Pendant neuf années, nos hivers ont été plus doux et nos étés plus longs que de coutume. Ce phénomène causa plusieurs discussions entre les savans, mais si leurs explications parurent suffisantes aux académiciens, elles firent sourire le baron quand je les lui communiquai. Jamais Séraphîta n'a été vue dans sa nudité, comme le sont quelquefois les enfans. Jamais elle n'a été touchée ni par un homme ni par une femme. Elle a vécu vierge sur le sein de sa mère, et n'a jamais crié. Le vieux David vous confirmera ces faits, si vous le questionnez sur sa maîtresse pour laquelle il a d'ailleurs une adoration semblable à celle qu'avait pour l'arche sainte le roi dont il porte le nom. Dès l'âge de neuf ans, elle a commencé à se mettre en état de prière. La rière est sa vie. Vous l'avez vue dans notre temple, à Noël, seul jour où elle y vienne ; elle y est séparée des autres chrétiens par un espace considérable. Si cet espace n'existe pas entre elle et les hommes, elle souffre ; aussi reste-t-elle la plupart du temps au château. Les événemens de sa vie sont d'ailleurs inconnus, elle ne se montre pas ; ses facultés, ses sensations, tout est intérieur ; elle demeure la plus grande partie du temps dans l'état de contemplation mystique, habituel, disent les écrivains papistes, aux premiers chrétiens solitaires en qui demeurait la tradition de la parole de Christ. Son entendement, son ame, son corps, tout en elle est vierge comme la neige de nos montagnes. A dix ans, elle était telle que vous la voyez maintenant. Quand elle eut neuf ans, son père et sa mère expirèrent ensemble, sans douleur, sans maladie visible, après avoir dit l'heure à laquelle ils cesseraient d'être. Debout, à leurs pieds, elle les regardait d'un œil calme, sans témoigner ni tristesse, ni douleur, ni joie, ni curiosité ; son père et sa mère lui souriaient. Quand nous vînmes prendre les deux corps, elle dit : — Emportez ! — Séraphîta, lui dis-je, car nous l'avons appelée ainsi, n'êtes-vous donc pas affectée de la mort de votre père et de votre mère ? ils vous aimaient tant !—Morts ? dit-elle. Non, ils sont en moi pour toujours. Ceci n'est rien, ajouta-t-elle en montrant sans aucune émotion les corps que l'on enlevait. Je la voyais pour la troisième fois depuis sa naissance. Au temple, il est difficile de l'apercevoir, elle est debout près de la colonne à laquelle tient la chaire, dans une obscurité qui ne permet pas de saisir ses traits. Des serviteurs de cette maison, il ne restait, lors de cet événement, que le vieux David, qui, malgré ses quatre-vingt-deux ans, suffit à servir sa maîtresse.

Quelques gens de Jarvis ont raconté des choses merveilleuses sur cette fille. Leurs contes ayant pris une certaine consistance dans un pays essentiellement ami des mystères, je me suis mis à étudier le traité des Incantations de Jean Wier, et les ouvrages relatifs à la démonologie où sont consignés les effets prétendus surnaturels en l'homme, afin d'y chercher des faits analogues à ceux qui lui sont attribués.

— Vous ne croyez donc pas en elle? dit Wilfrid.

— Si fait, dit avec bonhomie le pasteur; je vois en elle une fille extrêmement capricieuse, gâtée par ses parents qui lui ont tourné la tête avec les idées religieuses dont je viens de vous donner un léger aperçu.

Minna laissa échapper un signe de tête qui exprima doucement une négation.

— Pauvre fille, disait le docteur en continuant! Ses parents lui ont légué l'exaltation funeste qui égare les mystiques et les rend plus ou moins fous. Elle se soumet à des diètes qui désolent le pauvre David. Ce bon vieillard ressemble à une plante chétive qui s'agite au moindre vent, qui s'épanouit au moindre rayon du soleil. Sa maîtresse, dont il a pris le langage incompréhensible, est son vent et son soleil ; elle a pour lui des pieds de diamant, son front est parsemé d'étoiles ; elle marche environnée d'une lumineuse et blanche atmosphère, sa voix est accompagnée de musiques, elle a le don de se rendre invisible. Demandez à la voir, il vous répondra qu'elle voyage dans les Terres Astrales. Il est difficile de croire à de telles fables. Vous le savez, tout miracle ressemble plus ou moins à l'histoire de la Dent d'or. Nous avons une dent d'or à Jarvis, voilà tout. Ainsi, Duncker le pêcheur affirme l'avoir vue, tantôt se plongeant dans le Fiord, d'où elle ressort sous la forme d'un eider, tantôt marchant sur les flots pendant la tempête. Fergus, qui mène les troupeaux dans les sœler, dit avoir vu, dans les temps pluvieux, le ciel toujours clair au-dessus du château suédois, et toujours bleu au-dessus de la tête de Séraphîta quand elle sort. Plusieurs femmes entendent les sons d'un orgue immense quand Séraphîta vient dans le temple, et demandent sérieusement à leurs voisines si elles ne les entendent pas aussi. Mais, ma fille, que, depuis deux ans, Séraphîta prend en affection, n'a point entendu de musique, et n'a point senti les parfums du ciel qui, dit-on, embaument les airs quand elle se promène. Minna est souvent rentrée en m'exprimant une naïve admiration de jeune fille pour les beautés de notre printemps, elle revenait enivrée des odeurs que jettent les premières pousses des mélèzes, des pins ou des fleurs qu'elle avait été respirer avec elle; mais après un si long hiver, rien n'est plus naturel que cet excessif plaisir. La compagnie de ce démon n'a rien de bien extraordinaire, dis, mon enfant?

— Ses secrets ne sont pas les miens, répondit Minna. Près de lui, je sais tout; loin de lui, je ne sais plus rien. Près de lui, je ne suis plus moi; loin de lui, j'ai tout oublié de cette vie délicieuse. Le voir est un rêve dont je n'ai souvenance que suivant sa volonté. J'ai pu entendre près de lui, sans m'en souvenir loin de lui, les musiques dont parlent la femme de Banker et celle d'Erikson; j'ai pu près de lui sentir des parfums célestes, contempler des merveilles, et ne plus en avoir idée ici.

— Ce qui m'a surpris le plus, depuis que je la connais, ce fut de la voir vous souffrir près d'elle. reprit le pasteur en s'adressant à Wilfrid.

— Près d'elle! dit l'étranger, elle ne m'a jamais laissé ni lui baiser, ni même lui toucher la main. Quand elle me vit pour la première fois, son regard m'intimida. Elle me dit : —Soyez le bien-venu ici, car vous deviez venir. Il me sembla qu'elle me connaissait. J'ai tremblé. La terreur me fait croire en elle.

— Et moi l'amour, dit Minna sans rougir.

— Ne vous moquez-vous pas de moi? dit M. Becker en riant avec bonhomie ; toi, ma fille, en te disant un Esprit d'Amour, et vous, monsieur, en vous faisant un Esprit de Sagesse ?

Il but un verre de bière, et ne s'aperçut pas du singulier regard que Wilfrid jeta sur Minna.

— Plaisanterie à part, reprit le ministre, j'ai été fort surpris d'apprendre qu'aujourd'hui, pour la première fois, ces deux folles seraient allées sur le sommet du Falberg ; mais n'est-ce pas une exagération de jeunes filles qui seront montées sur quelque colline ? il est impossible d'atteindre à la cime du Falberg.

— Mon père, dit Minna d'une voix émue,

j'ai donc été sous le pouvoir du démon, car j'ai gravi le Falberg avec lui.

— Voilà qui devient sérieux, dit M. Becker, Minna n'a jamais menti.

— Monsieur Becker, reprit Wilfrid, je vous affirme que Séraphîta exerce sur moi des pouvoirs si extraordinaires, que je ne sais aucune expression qui puisse en donner une idée. Elle m'a révélé des choses dont moi seul suis instruit.

— Somnambulisme! dit le vieillard. D'ailleurs plusieurs effets de ce genre sont rapportés par Jean Wier comme des phénomènes fort explicables et jadis observés en Égypte.

— Confiez-moi les œuvres théosophiques de SWEDENBORG, dit Wilfrid, je veux me plonger dans ces gouffres de lumière dont vous m'avez donné soif.

M. Becker tendit un volume à Wilfrid qui se mit à le lire aussitôt. Il était environ neuf heures du soir. La servante vint servir le souper. Minna fit le thé. Le repas fini, chacun d'eux resta silencieusement occupé, le pasteur à lire le traité des Incantations, Wilfrid à saisir l'esprit de SWEDENBORG, la jeune fille à coudre en s'abîmant dans ses souvenirs. Ce fut une veillée de Norwége, une soirée paisible, studieuse, pleine de pensées, des fleurs sous de la neige. En dévorant les pages du prophète, Wilfrid n'existait plus que par ses sens intérieurs. Parfois, le pasteur le montrait d'un air moitié sérieux, moitié railleur à Minna, qui souriait avec une sorte de tristesse. Pour Minna, la tête de Séraphîtüs lui souriait en planant sur le nuage de fumée qui les enveloppait tous trois. Minuit sonna. La porte extérieure fut violemment ouverte. Des pas pesans et précipités, les pas d'un vieillard effrayé se firent entendre dans l'espèce d'antichambre étroite qui se trouvait entre les deux portes. Puis, tout à coup David se montra dans le parloir.

— Violence! violence! s'écria-t-il. Venez! venez tous! Les Satans sont déchaînés! ils ont des mitres de feux. Ce sont des Adonis, des Vertumnes, des Sirènes! ils le tentent comme Jésus fut tenté sur la montagne. Venez les chasser.

— Reconnaissez-vous le langage de SWEDENBORG? le voilà pur, dit en riant le pasteur.

Mais Wilfrid et Minna regardaient avec terreur le vieux David qui, ses cheveux blancs épars, les yeux égarés, les jambes tremblantes et couvertes de neige, car il était venu sans patins, restait agité comme si quelque vent tumultueux le tourmentait.

— Qu'est-il arrivé? lui dit Minna.

— Eh bien! les Satans espèrent et veulent le reconquérir.

Ces mots firent palpiter Wilfrid.

— Voici près de cinq heures qu'elle est debout, les yeux levés au ciel, les bras étendus ; elle souffre, elle crie à Dieu. Je ne puis franchir les limites, l'enfer a posé des Vertumnes en sentinelle. Ils ont élevé des murailles de fer entre elle et son vieux David. Si elle a besoin de moi, comment ferai-je ? Secourez-moi ! venez prier !

Le désespoir de ce pauvre vieillard était effrayant à voir.

— La clarté de Dieu la défend ; mais si elle allait céder à la violence.

— Silence ! David, n'extravaguez pas ! Ceci est un fait à vérifier. Nous allons vous accompagner, dit le pasteur, et vous verrez qu'il ne se trouve chez vous ni Vertumnes, ni Satans, ni Syrènes.

— Votre père est aveugle, dit tout bas David à Minna.

Wilfrid, sur qui la lecture d'un premier traité de SWEDENBORG qu'il avait rapidement parcouru, venait de produire un effet violent, était déjà dans le corridor, occupé à mettre ses patins. Minna fut prête aussitôt. Tous deux laissèrent en arrière les deux vieillards, et s'élancèrent vers le château suédois.

— Entendez-vous ce craquement? dit Wilfrid à Minna.

— La glace du Fiord remue, répondit Minna. Mais voici bientôt le printemps.

Wilfrid garda le silence. Quand tous deux furent dans la cour, ils ne se sentirent ni la faculté ni la force d'entrer dans la maison.

— Que pensez-vous d'elle? dit Wilfrid.

— Quelles clartés! s'écria Minna qui se plaça devant la fenêtre du salon. Le voilà ! mon Dieu, qu'il est beau! O mon Séraphîtüs, prends-moi? L'exclamation de la jeune fille fut tout intérieure. Elle voyait Séraphîtüs debout, légèrement enveloppé d'un brouillard couleur d'opale qui s'échappait à une faible distance de ce corps presque phosphorique.

— Comme elle est belle, s'écria-t-il mentalement aussi.

En ce moment, M. Becker arriva, suivi de David; il vit sa fille et l'étranger devant la fenêtre, vint près d'eux, regarda dans le salon, et dit : — Eh bien! David, elle fait ses prières.

— Mais, monsieur, essayez d'entrer.

— Pourquoi troubler ceux qui prient? répondit le pasteur.

En ce moment, un rayon de la lune, qui se levait sur le Falberg, jaillit sur la fenêtre. Tous se retournèrent émus par cet effet naturel qui les fit tressaillir; mais quand ils revinrent pour voir Séraphîta, elle avait disparu.

— Voilà qui est étrange! dit Wilfrid surpris.

— Oh! j'entends des sons délicieux! dit Minna.

— Eh bien! quoi, dit le pasteur, elle va sans doute se coucher?

David était rentré. Ils revinrent en silence ; aucun d'eux ne comprenait les effets de cette vision de la même manière : M. Becker doutait, Minna adorait, Wilfrid désirait.

Wilfrid était un homme de trente-six ans. Quoique largement développées, ses proportions ne manquaient pas d'harmonie. Sa taille était médiocre, comme celle de presque tous les hommes qui se sont élevés au-dessus des autres ; sa poitrine et ses épaules étaient larges, et son cou était court comme celui des hommes dont le cœur devait être rapproché de la tête. Ses cheveux étaient noirs, épais et fins ; ses yeux, d'un jaune brun, possédaient un éclat solaire qui annonçait avec quelle avidité sa nature aspirait la lumière. Si ses traits mâles et bouleversés péchaient par l'absence du calme intérieur que communique une vie sans orages, ils annonçaient les ressources inépuisables de sens fougueux et les appétits de l'instinct ;

de même que ses mouvemens indiquaient la perfection de l'appareil physique, la flexibilité des sens et la fidélité de leur jeu. Cet homme pouvait lutter avec le sauvage, entendre comme lui le pas des ennemis dans le lointain des forêts, en sentir le goût dans les airs, et voir à l'horizon le signal d'un ami. Son sommeil était léger comme celui de toutes les créatures qui ne veulent pas se laisser surprendre. Son corps se mettait promptement en harmonie avec le climat des pays où le conduisait sa vie à tempêtes. L'art et la science eussent admiré dans cette organisation une sorte de modèle humain ; en lui tout s'équilibrait : l'action et le cœur, l'intelligence et la volonté. Au premier abord, il semblait devoir être classé parmi les êtres purement instinctifs qui se livrent aveuglément aux besoins matériels ; mais dès le matin de la vie, il s'était élancé dans le monde social avec lequel ses sentimens l'avaient commis ; l'étude avait agrandi son intelligence, la méditation avait aiguisé sa pensée, les sciences avaient élargi son entendement. Il avait étudié les lois humaines, le jeu des intérêts mis en présence par les passions, et paraissait s'être familiarisé de bonne heure avec les abstractions sur lesquelles reposent les sociétés. Il avait pâli sur les livres qui sont les actions humaines mortes ; puis, il avait veillé dans les capitales européennes au milieu des fêtes, il s'était éveillé dans plus d'un lit, il avait dormi peut-être sur le champ de bataille pendant la nuit qui précède le combat et pendant celle qui suit la victoire, peut-être sa jeunesse orageuse l'avait-elle jeté sur le tillac d'un corsaire à travers les pays les plus contrastans du globe ; il connaissait ainsi les actions humaines vivantes. Il savait donc le présent et le passé ; l'histoire double, celle d'autrefois, celle d'aujourd'hui. Beaucoup d'hommes ont été,

comme Wilfrid, également puissans par la
Main, par le Cœur et par la Tête ; comme
lui, la plupart ont abusé de leur triple pouvoir. Mais si cet homme tenait encore par son
enveloppe à la partie limoneuse de l'humanité ; certes, il appartenait également à la
sphère où la force est intelligente. Malgré les voiles dans lesquels s'enveloppait
son ame, il se rencontrait en lui ces indi-
cibles symptômes visibles à l'œil des êtres
purs, à celui des enfans dont l'innocence
n'a reçu le souffle d'aucune passion mauvaise, à celui du vieillard qui a reconquis
la sienne ; ces marques dénonçaient un Caïn
auquel il restait une espérance, et qui
semblait chercher quelque absolution au
bout de la terre. Minna soupçonnait le for-
çat de la gloire en cet homme, et Séraphîta le connaissait ; toutes deux l'admiraient
et le plaignaient. D'où leur venait cette
prescience ? Rien à la fois de plus simple et

de plus extraordinaire. Dès que l'homme veut pénétrer dans les secrets de la nature, où rien n'est secret, où il s'agit seulement de voir, il s'aperçoit que le simple y produit le merveilleux.

— Séraphîtüs, dit un soir Minna quelques jours après l'arrivée de Wilfrid à Javis, vous lisez dans l'ame de cet étranger, tandis que je n'en reçois que de vagues impressions. Il me glace ou m'échauffe ; mais vous paraissez savoir la cause de ce froid ou de cette chaleur. Vous pouvez me le dire, car vous savez tout de lui.

— Oui, j'ai vu les causes, dit Séraphîtüs en abaissant sur ses yeux ses larges paupières.

— Par quel pouvoir ? dit la curieuse Minna.

— J'ai le don de Spécialité, lui répondit-il, une espèce de vue intérieure qui pénètre tout et dont tu ne comprendras la portée que par une comparaison. Dans les grandes villes de l'Europe d'où sortent des œuvres où la main humaine cherche à représenter les effets de la nature morale aussi bien que ceux de la nature physique, il est des hommes sublimes qui expriment des idées avec du marbre. Le statuaire agit sur le marbre, il le façonne, il y met un monde de pensées. Il existe des marbres que la main de l'homme a doués de la faculté de représenter tout un côté sublime, où tout un côté mauvais de l'humanité. La plupart des hommes y voient une figure humaine et rien de plus ; quelques autres, un peu plus haut placés sur l'échelle des êtres, y aperçoivent une partie des pensées traduites par le sculpteur, ils y admirent la forme. Mais les initiés aux secrets de l'art sont tous d'intelligence avec le statuaire en voyant son marbre ; ils y reconnaissent le monde entier de ses pensées ; ceux-là sont les princes de l'art, ils portent en eux-mêmes un miroir où vient se réfléchir la nature avec ses plus légers accidens. Eh bien! il est en moi comme un miroir où vient se réfléchir la nature morale avec ses causes et ses effets; je devine l'avenir et le passé en pénétrant ainsi la conscience. Comment? me diras-tu toujours. Fais que le marbre soit le corps d'un homme, fais que le statuaire soit le sentiment, la passion, le vice ou le crime, la vertu, la faute ou le repentir; tu comprendras comment j'ai lu dans l'ame de l'étranger, sans néanmoins t'expliquer la Spécialité; car pour concevoir ce don, il faut le posséder.

Si Wilfrid tenait aux deux premières portions de l'humanité si distinctes, aux hommes de force et aux hommes de pensée; ses excès, sa vie tourmentée et ses fautes l'avaient souvent conduit vers la Foi, car le doute a deux côtés : le côté de la lumière et le côté des ténèbres. Wilfrid avait trop bien pressé le monde dans ses deux formes, la Matière et l'Esprit, pour ne pas être atteint de la soif de l'inconnu, du désir d'aller au-delà, dont sont presque tous saisis les hommes qui savent, peuvent et veulent. Mais ni sa science, ni ses actions, ni son vouloir n'avaient de direction. Il avait fui la vie sociale par nécessité, comme le grand coupable cherche le cloître. Le remords, cette vertu des faibles, ne l'atteignait pas ; le remords est une impuissance, il recommencera sa faute ; le repentir seul est une force, il termine tout. Mais en parcourant le monde dont il s'était fait un cloître, Wilfrid n'avait trouvé nulle part de baume pour ses blessures, il n'avait vu nulle part une nature à laquelle il se pût attacher. En lui, le désespoir avait desséché les sources du désir. Il était de ces esprits qui, s'étant pris avec les passions, s'étant trouvés plus forts qu'elles, n'ont plus rien à presser dans leurs serres ; auxquels l'occasion manquant de se mettre à la tête de quelques-uns de leurs égaux pour fouler sous le sabot de leurs montures des populations entières, achèteraient, au prix d'un horrible martyre, la faculté de se ruiner dans une croyance ; espèces de rochers sublimes qui attendent un coup de baguette qui ne vient pas, et qui pourrait en faire jaillir les sources lointaines. Jeté par un dessein de sa vie inquiète et chercheuse dans les chemins de la Norwége, l'hiver l'y avait surpris à Jarvis. Le jour où, pour la première fois, il vit Séraphîta, cette rencontre lui fit oublier le passé de sa vie. La jeune fille lui causa ces sensations extrêmes qu'il ne croyait plus ranimables ; les cendres laissèrent échapper une dernière flamme, et se dissipèrent au premier souffle de cette voix. Qui jamais s'est senti redevenir jeune et pur après avoir froidi dans la vieillesse et s'être sali dans l'impureté ! Tout à coup Wilfrid aima comme il n'avait jamais aimé ; il aima secrètement, avec foi, avec terreur, avec d'intimes folies. Sa vie était agitée dans la source même de la vie, à la seule idée de voir Séraphîta. En l'entendant, il allait en des mondes inconnus ; il était muet devant elle, elle le fascinait. Là, sous les neiges, parmi les glaces, avait grandi sur sa tige cette fleur céleste à laquelle aspiraient ses vœux jusque-là trompés, et dont la vue réveillait les idées fraîches, les espérances, les sentimens qui se groupent autour de nous, pour nous enlever en des régions supérieures, comme les anges enlèvent aux cieux les Elus dans les tableaux symboliques dictés aux peintres par quelque génie familier. Un céleste parfum amollissait le granit de ce rocher, une lumière douée de la parole lui versait les divines mélodies qui accompagnent dans sa route le voyageur pour le ciel. Après avoir épuisé la coupe de l'amour terrestre dont ses dents avaient tout broyé jusqu'aux graviers, il apercevait le vase d'élection où brillaient les ondes limpides, et qui donne soif des délices immarcessibles à qui peut y approcher des lèvres assez ardentes de foi pour n'en point faire éclater le cristal. Il avait rencontré ce mur d'airain à franchir qu'il cherchait sur la terre. Il allait impétueusement chez Séraphîta dans le dessein de lui exprimer la portée d'une passion sous laquelle il bondissait comme le cheval de la fable sous ce cavalier de bronze que rien n'émeut, qui reste droit, et que les efforts de l'animal fougueux rendent toujours plus pesant et plus pressant. Il arrivait pour dire sa vie, pour peindre la grandeur de son ame par la grandeur de ses fautes, pour montrer les ruines de ses déserts ; mais quand il avait franchi l'enceinte, et qu'il se trouvait dans la zone immense embrassée par ces yeux dont le scintillant azur ne rencontrait point de bornes en avant et n'en offrait aucune en arrière ; il devenait calme et soumis comme le lion qui, lancé sur sa proie dans une plaine d'Afrique, reçoit sur l'aile des vents un message d'amour, et s'arrête. Il s'ouvrait un abîme où tombaient les paroles de son délire, et d'où s'élevait une voix qui le changeait ; il était enfant, enfant de seize ans, timide et craintif devant la jeune fille au front serein, devant cette blanche forme dont le calme inaltérable ressemblait à la cruelle impassibilité de la justice humaine. Et le combat n'avait jamais cessé que pendant cette soirée, où d'un regard elle l'avait enfin abattu, comme un milan qui après avoir décrit ses étourdissantes spirales autour de sa proie, la fait tomber stupéfiée avant de l'emporter dans son aire. Il est en nous-mêmes de longues luttes dont nos actions deviennent le terme, et qui font comme un envers à l'humanité. Cet envers est à Dieu, l'endroit est aux hommes. Plus d'une fois Séraphita s'était plue à prouver à Wilfrid qu'elle connaissait cet envers si varié, qui compose une seconde vie à la plupart des hommes. Souvent elle lui avait dit de sa voix de tourterelle : — Nous étions bien en colère ! quand Wilfrid se promettait en chemin de l'enlever afin d'en faire une chose à lui. Wilfrid seul était assez fort pour jeter le cri de révolte qu'il venait de pousser chez M. Becker, et que le récit du vieillard avait calmé. Cet homme si moqueur, si insulteur, voyait enfin poindre la clarté d'une croyance sidérale en sa nuit ; il se demandait si Séraphîta n'était pas une exilée des sphères supérieures en route pour la patrie. Les déifications dont abusent les amans en tout pays, il n'en décernait pas les honneurs à ce lis de la Norwège, il y croyait. Pourquoi restait-elle au fond de ce Fiord ? qu'y faisait-elle ? Les interrogations sans réponse abondaient dans son esprit. Qu'arriverait-il entre eux surtout? Quel sort l'avait amené là? Pour lui, Séraphîta était ce marbre immobile, mais léger comme un ombre, que Minna venait de voir se posant au bord du gouffre ; elle demeurait ainsi devant tous les gouffres sans que rien pût l'atteindre, sans que l'arc de ses sourcils fléchît, sans que la lumière de sa prunelle vacillât. C'était donc un amour sans espoir, mais non sans curiosité. Dès le moment où Wilfrid soupçonna la nature éthérée dans la magicienne qui lui avait dit le secret de sa vie en songes harmonieux, il voulut tenter de se la soumettre, de la garder, de la ravir au ciel où peut-être elle était attendue. L'Humanité, la Terre, ressaisissant leur proie, il les représenterait. Son orgueil, seul sentiment par lequel l'homme puisse être exalté long-temps, le rendrait heureux de ce triomphe pendant le reste de sa vie. A cette idée, son sang bouillonna dans ses veines, son cœur se gonfla S'il ne réussissait pas, il la briserait. Il est si naturel de détruire ce qu'on ne peut posséder, de nier ce qu'on ne comprend pas, d'insulter à ce qu'on envie.

Le lendemain, Wilfrid, préoccupé par les idées que devait faire naître le spectacle extraordinaire dont il avait été le témoin la veille, voulut interroger David, et vint le voir en prenant le prétexte de demander des nouvelles de Séraphîtâ. Quoique M. Becker crût le pauvre homme tombé en enfance, l'étranger se fia sur sa perspicacité pour découvrir les parcelles de vérité que roulerait le serviteur dans le torrent de ses divagations.

David avait la physionomie immobile et indécise de l'octogénaire ; sous ses cheveux blancs se voyait un front où les rides formaient des assises ruinées ; son visage était creusé comme le lit d'un torrent à sec. Sa vie semblait s'être entièrement réfugiée dans les yeux où brillait un rayon ; mais cette lueur était comme couverte de nuages, et comportait l'égarement actif, aussi bien que la stupide fixité de l'ivresse. Ses mouvemens lourds et lents annonçaient les glaces de l'âge et les communiquaient à qui s'abandonnait à le regarder long-temps, car il possédait la force de la torpeur. Son intelligence bornée ne se réveillait qu'au son de la voix, à la vue, au souvenir de sa maîtresse. Elle était l'ame de ce fragment tout matériel. En voyant David seul, vous eussiez dit un cadavre; Séraphîta se montrait-elle, parlait-elle, était-il question d'elle?.. le mort sortait de sa tombe, il retrouvait le mouvement et la parole. Jamais les os desséchés que le souffle divin doit ranimer dans la vallée de Josaphat, jamais cette image apocalyptique ne fut mieux réalisée que par ce Lazare sans cesse rappelé du sépulcre à la vie par la voix de la jeune fille. Son langage constamment figuré, souvent incompréhensible, empêchait les habitans de lui parler ; mais ils respectaient en lui cet esprit profondément dévié de la route vulgaire que le peuple admire instinctivement. Wilfrid le trouva dans la première salle, en apparence endormi près du poêle. Comme le chien qui reconnaît les amis de la maison, le vieillard leva les yeux, aperçut l'étranger, et ne bougea pas.

— Eh bien ! où est-elle ? demanda Wilfrid au vieillard en s'asseyant près de lui.

David agita ses doigts en l'air comme pour peindre le vol d'un oiseau.

— Elle ne souffre plus, demanda Wilfrid.

— Les créatures promises au ciel savent seules souffrir, sans que la souffrance diminue leur amour, répondit gravement le vieillard comme un instrument essayé donne une note au hasard. Ceci est la marque de la vraie foi.

— Qui vous a dit ces paroles ?

— L'Esprit.

— Que lui est-il donc arrivé hier au soir ?

Avez-vous enfin forcé les Vertumnes en sentinelle? vous êtes-vous glissé à travers les Mammons?

— Oui, répondit David en se réveillant comme d'un songe.

La vapeur confuse de son œil se fondit sous une lueur comme venue de l'âme qui le rendit par degrés brillant comme celui d'un aigle, intelligent comme celui d'un poète.

—Qu'avez-vous vu, lui demanda Wilfrid étonné de ce changement subit.

— J'ai vu les Espèces et les Formes, j'ai entendu l'Esprit des choses, j'ai vu la révolte des Mauvais, j'ai écouté la parole des Bons! Ils sont venus sept démons, il est descendu sept archanges; les archanges étaient loin, ils contemplaient voilés; les démons étaient près, ils brillaient et agissaient. Mammon est venu sur sa conque nacrée, et sous la forme d'une belle femme nue; la neige de son corps éblouissait, jamais les formes humaines ne seront aussi parfaites, et il disait : — « Je suis le plaisir, et tu me posséderas ! » Lucifer, le prince des serpens, est venu dans son appareil de souverain, et 'Homme était en lui beau comme un ange, et il a dit : — «L'humanité te servira ! » La reine des avares, celle qui ne rend rien de ce qu'elle a reçu, la Mer est venue enveloppée de sa mante verte ; elle s'est ouvert le sein, elle a montré son écrin de pierreries, elle a vomi ses trésors et les a offerts ; elle a fait arriver des vagues de saphirs et d'émeraudes, et ses productions se sont émues ; elles ont surgi de leurs retraites, elles ont parlé ; la plus belle d'entre les perles a déployé ses ailes de papillon ; elle a rayonné, elle a fait entendre ses musiques marines, elle a dit : — « Toutes deux filles de la souffrance, nous sommes sœurs ; attends-moi ? nous partirons ensemble, je n'ai plus qu'à devenir emme. » L'Oiseau qui a les ailes de l'aigle et les pattes du lion, une tête de femme et la croupe du cheval, l'Animal s'est abattu, lui a léché les pieds, promettant sept cents années d'abondance à sa fille bien-aimée. Le plus redoutable, l'Enfant, est arrivé jusqu'à ses genoux en pleurant et lui disant : — « Me quitteras-tu ? moi faible et souffrant ; reste, ma mère ! » Il jouait avec les autres, il répandait la paresse dans l'air, et le ciel se serait laissé aller à sa plainte. La Vierge au chant pur a fait entendre ses concerts qui détendent l'ame. Les rois de l'Orient sont venus avec leurs esclaves, leurs armées et leurs femmes ; les Blessés ont demandé d'être secourus, les Malheureux ont tendu la main : — « Ne nous quittez pas ! ne nous quittez pas ! » Moi-même j'ai crié : — Ne nous quittez pas ! Nous vous adorerons, restez ! Les fleurs sont sorties de leurs graines en l'entourant de leurs parfums qui disaient : — « Restez » ! Le géant Enakim est sorti de

Jupiter, amenant l'Or et ses amis, amenait les Esprits des Terres Astrales qui s'étaient joints à lui; tous ont dit: — « Nous serons à toi pour sept cents années. » Enfin, la Mort est descendue de son cheval pâle et a dit : — « Je t'obéirai ! » Tous se sont prosternés à ses pieds, et si vous les aviez vus, il remplissaient la grande plaine, et tous lui criaient : — « Nous t'avons nourri, tu es notre enfant, ne nous abandonne pas. » La Vie est sortie de ses Eaux Rouges, et a dit : — « Je ne te quitterai pas ! » Elle a relui comme le soleil en s'écriant : — « Je suis la lumière ! »

— La lumière est là ! s'est-elle écriée en montrant les nuages où s'agitaient les archanges. Elle était fatiguée, le Désir lui avait brisé les nerfs, elle ne pouvait que crier : — O mon Dieu ! Mais Dieu l'entendait, elle a vaincu. Combien d'Esprits Angéliques, en gravissant la montagne, et près d'atteindre au sommet, ont rencontré sous leurs pieds un gravier qui les a fait rouler et les a replongés dans l'abîme! Tous ces Esprits déchus admiraient sa constance; ils étaient là formant un Chœur immobile, et tous lui disaient en pleurant : — Courage! Enfin elle a vaincu le Désir déchaîné sur elle sous toutes les Formes et dans toutes les Espèces. Elle est restée en prières, et quand elle a levé les yeux, elle a vu le pied des anges revolant aux cieux.

— Elle a vu le pied des anges ? répéta Wilfrid.

— Oui, dit le vieillard.

— C'était un rêve qu'elle vous a raconté ? demanda Wilfrid.

— Un rêve aussi sérieux que celui de votre vie, répondit David, j'y étais.

Le sérieux du vieux serviteur frappa Wilfrid, qui s'en alla se demandant si ces visions étaient moins extraordinaires que celles dont

Swedenborg avait écrit les relations, et qu'il avait lues la veille.

— Si les esprits existent, ils doivent agir, se disait-il en entrant au presbytère, où il trouva M. Becker seul.

— Cher pasteur, dit Wilfrid, Séraphîta ne tient à nous que par la forme, et sa forme est impénétrable. Ne me traitez ni de fou, ni d'amoureux! une conviction ne se discute point. Convertissez ma croyance en suppositions scientifiques, et cherchons à nous éclairer. Demain soir nous irons tous deux chez elle.

— Eh bien! dit M. Becker.

— Si son œil ignore l'espace, reprit Wilfrid, si sa pensée est une vue intelligente qui lui permet d'embrasser les choses dans leur essence, et de les relier à l'évolution générale des mondes; si, en un mot, elle sait et voit tout, asseyons la pythonisse sur son trépied, forçons cet aigle implacable à déployer ses ailes en le menaçant ? Aidez-moi, je respire un feu qui me dévore, je veux l'éteindre ou me laisser consumer. Enfin j'ai découvert une proie, je la veux.

— Ce serait, dit le ministre, une conquête assez difficile à faire, car cette pauvre fille est...

— Est? reprit Wilfrid.

— Folle, dit le ministre.

— Je ne vous conteste pas sa folie, ne me contestez pas sa supériorité. Cher M. Becker, elle m'a souvent confondu par son érudition. A-t-elle voyagé ?

— De sa maison, au Fiord.

— Elle n'est pas sortie d'ici, s'écria Wilfrid, elle a donc beaucoup lu ?

— Pas un feuillet, pas un iota! Moi seul ai des livres dans Jarvis. Les œuvres de Swedenborg, les seuls ouvrages qui fussent au château, les voici? Jamais elle n'en a pris un seul.

— Avez-vous jamais essayé de causer avec elle ?

— A quoi bon ?

— Personne n'a vécu sous son toit ?

— Elle n'a pas eu d'autres amis que vous et Minna, ni d'autre serviteur que David ?

— Elle n'a jamais entendu parler de sciences, ni d'arts ?

— Par qui ? dit le pasteur.

— Si elle disserte pertinemment de ces choses, comme elle en a souvent causé avec moi, que croiriez-vous ?

— Que cette fille a conquis peut-être, pendant quelques années de silence, les facultés dont jouissait Apollonius de Thyane et beaucoup de prétendus sorciers que l'inquisition a brûlés, ne voulant pas admettre la seconde vue.

— Si elle parle arabe, que penseriez-vous ?

— L'histoire des sciences médicales consacre plusieurs exemples de filles qui ont parlé des langues à elles inconnues.

— Que faire ? dit Wilfrid. Elle connaît dans le passé de ma vie des choses dont j'avais seul le secret.

— Nous verrons, dit M. Becker, si elle me dit les pensées que je n'ai confiées à personnes.

Minna rentra.

— Hé bien ! ma fille, que devient ton démon ?

— Il souffre, mon père, répondit-elle en saluant Wilfrid. Les passions humaines, revêtues de leurs fausses richesses, l'ont entouré pendant la nuit, et lui ont déroulé des pompes inouïes. Mais vous traitez ces choses de contes...

— Avec ou sans ta permission, mon enfant, dit le pasteur en souriant.

— Satan, reprit-elle, n'a-t-il pas transporté le Sauveur sur le haut du temple, en lui montrant les nations à ses pieds ?

— Les Évangélistes, répondit le pasteur, n'ont pas si bien corrigé les copies qu'il n'y ait plusieurs versions.

— Vous croyez à la réalité de ses visions, dit Wilfrid à Minna.

— Qui peut en douter quand il les raconte?

— Il, il? demanda Wilfrid, qui?

— Celui qui est là, répondit Minna en montrant le château.

— Vous parlez de Séraphîta! dit l'étranger surpris.

La jeune fille baissa la tête en lui jetant un regard plein de douce malice.

— Et vous aussi, reprit Wilfrid, vous vous plaisez à confondre mes idées. Qui est-ce! que pensez-vous d'elle?

— Ce que je sens, reprit Minna en rougissant, est inexplicable.

— Vous êtes fous, s'écria le pasteur.

— A demain! dit Wilfrid.

LES NUÉES DU SANCTUAIRE.

Il est des spectacles auxquels coopèrent toutes les matérielles magnificences dont l'homme dispose. Des nations d'esclaves et de plongeurs ont été chercher dans le sable des mers, aux entrailles des rochers, ces perles et ces diamans qui parent les spectateurs. Transmises d'héritage en héritage, ces splendeurs ont brillé sur tous les fronts couronnés, et feraient la plus fidèle des his

toires humaines si elles avaient la parole :
ne connaissent-elles pas les douleurs et les
joies des grands comme celles des petits ?
elles ont été partout ; elles ont été portées
avec orgueil dans les fêtes, portées avec désespoir chez l'usurier, emportées dans le sang
et le pillage, transportées dans les chefs-
d'œuvre enfantés par l'art pour les garder ;
excepté la perle de Cléopâtre, aucune d'elles
ne s'est perdue. Les Grands, les Heureux
sont là réunis et voient couronner un roi dont
la parure est le produit de l'industrie des hommes ; mais qui dans sa gloire est vêtu d'une
pourpre moins parfaite que ne l'est celle
d'une simple fleur des champs. Ces fêtes
splendides de lumière, enceintes de musique où la parole de l'Homme essaie à tonner ;
tous ces triomphes de sa Main, une pensée,
un sentiment les écrase : l'Esprit peut rassembler autour de l'homme et dans l'homme
de plus vives lumières, lui faire entendre de

plus mélodieuses harmonies, asseoir sur les nuées de brillantes constellations qu'il interroge. Le Cœur peut plus encore ! L'homme peut se trouver face à face avec une seule créature, et trouver dans un seul mot, dans un seul regard, un faix si lourd à porter, d'un éclat si lumineux, d'un son si pénétrant, qu'il succombe et s'agenouille. Les plus réelles magnificences ne sont pas dans les choses, elles sont en nous-mêmes. Pour le savant, un secret de science n'est-il pas un monde entier de merveilles ? Les trompettes de la Force, les brillans de la Richesse, la musique de la Joie, un immense concours d'hommes accompagne-t-il sa fête ? Non, il va dans quelque réduit obscur où souvent un homme pâle et souffrant lui dit un seul mot à l'oreille. Ce mot, comme une torche jetée dans un souterrain, lui éclaire les Sciences. Toutes les idées humaines, habillées des plus attrayantes formes qu'ait inventées le Mystère, entouraient un aveugle assis dans la fange au bord d'un chemin. Les trois mondes, le Naturel, le Spirituel et le Divin, avec toutes leurs sphères, se découvraient à un pauvre proscrit florentin ; il marchait accompagné des Heureux et des Souffrans, de ceux qui priaient et de ceux qui criaient, des anges et des damnés. Quand l'envoyé de Dieu, qui savait et pouvait tout, apparut à trois de ses disciples ; ce fut un soir, à la table commune de la plus pauvre des auberges ; en ce moment la lumière éclata, brisa les Formes Matérielles, éclaira les Facultés Spirituelles, ils le virent dans sa gloire, et la Terre ne tenait déjà plus à leurs pieds que comme une sandale qui s'en détachait.

M. Becker, Wilfrid et Minna se sentaient agités de crainte en allant chez l'être extraordinaire qu'ils s'étaient proposés d'interroger. Pour chacun d'eux le château suédois agrandi comportait un spectacle gigantesque.

semblable à ceux dont les poètes savent disposer les masses, harmonier les couleurs, grouper les personnages, acteurs imaginaires pour les hommes, réels pour ceux qui commencent à pénétrer dans le Monde Spirituel. Sur les gradins de ce Colysée, M. Becker asseyait les grises légions du Doute, ses sombres idées, ses vicieuses formules de dispute; il y convoquait les différens mondes philosophiques et religieux qui se combattent, et qui tous apparaissent sous la forme d'un système décharné comme le temps configuré par l'homme, ce vieillard qui, d'une main lève la faux, et dans l'autre emporte un grêle univers, l'univers humain. Wilfrid y conviait ses premières illusions et ses dernières espérances; il y faisait siéger la destinée humaine et ses combats, la religion et ses dominations victorieuses. Minna y voyait confusément le ciel par une échappée, l'amour lui relevait un rideau brodé d'images mystérieuses, et les sons harmonieux qui arrivaient à ses oreilles, redoublaient sa curiosité. Pour eux, cette soirée était donc ce que le souper fut pour les trois pèlerins dans Emmaüs, ce que fut une vision pour Dante, une inspiration pour Homère; pour eux, les trois formes du monde révélées, des voiles déchirés, des incertitudes dissipées, des ténèbres éclaircies. L'Humanité dans tous ses modes et attendant la lumière, ne pouvait pas être mieux représentée que par cette jeune fille, par cet homme et par ces deux vieillards, dont l'un était assez savant pour douter, dont l'autre était assez ignorant pour croire. Jamais aucune scène ne fut ni plus simple en apparence, ni plus vaste en réalité.

Quand ils entrèrent, conduits par le vieux David, ils trouvèrent Séraphîta debout devant la table sur laquelle étaient servies différentes choses dont se compose un thé, collation qui supplée dans le nord aux joies du vin réservées pour les pays méridionaux. Certes, rien n'annonçait en elle, ou en lui, cet être avait l'étrange pouvoir d'apparaître sous deux formes distinctes, rien donc ne trahissait les différentes puissances dont elle disposait. Vulgairement occupée du bien-être de ses trois hôtes, Séraphîta recommandait à David de mettre du bois dans le poêle.

— Bonjour, mes voisins, dit-elle. — Mon cher monsieur Becker, vous avez bien fait de venir, vous me voyez vivante pour la dernière fois peut-être. Cet hiver m'a tuée.

— Asseyez-vous donc, monsieur? dit-elle à Wilfrid. — Et toi, Minna, mets-toi là, dit-il en lui montrant un fauteuil près de lui. Tu as apporté ta tapisserie à la main, en as-tu trouvé le point? le dessin en est fort joli. Pour qui est-ce? pour ton père ou pour monsieur? dit-elle en se tournant vers Wilfrid.

Ne lui laisserons-nous point avant son départ un souvenir des filles de la Norwége.

— Vous avez donc souffert encore hier? dit Wilfrid.

— Ce n'est rien, dit-elle, cette souffrance me plaît, elle est nécessaire pour sortir de la vie.

— La mort ne vous effraie donc point? dit en souriant M. Becker qui ne la croyait pas malade.

— Non, cher pasteur. Il est deux manières de mourir : aux uns, la mort est une victoire; aux autres, elle est une défaite.

— Vous croyez avoir vaincu? dit Minna.

— Je ne sais, répondit-elle, peut-être ne sera-ce qu'un pas de plus.

La splendeur lactée de son front s'altéra, ses yeux se voilèrent sous ses paupières lentement déroulées; ce simple mouvement fit les trois curieux émus et immobiles ; M. Becker fut le plus hardi.

— Chère fille, dit-il, vous êtes la candeur même ; mais vous êtes aussi d'une bonté divine ; je désirerais de vous, ce soir, autre chose que les friandises de votre thé. S'il faut en croire certaines personnes, vous savez des choses extraordinaires ; mais s'il en est ainsi, ne serait-il pas charitable à vous de dissiper quelques uns de nos doutes ?

— Ah ! reprit-elle en souriant, je marche sur les nuées, je suis au mieux avec les gouffres du Fiord, la mer est une monture à laquelle j'ai mis un frein, je sais où croît la fleur qui chante, où rayonne la lumière qui parle, où brillent et vivent les couleurs qui embaument ; j'ai l'anneau de Salomon, je suis une fée, je jette mes ordres au vent qui les exécute en esclave soumis ; je vois les trésors en terre, je suis la vierge au-devant de laquelle volent les perles, et...

— Et nous allons sans danger sur le Falberg? dit Minna qui l'interrompit.

— Et toi aussi! répondit l'être en lançant à la jeune fille un regard lumineux qui la remplit de trouble. — Si je n'avais pas la faculté de lire à travers vos fronts le désir qui vous amène, serais-je ce que vous croyez que je suis? dit-elle en les enveloppant tous trois de son regard envahisseur, à la grande satisfaction de David, qui se frotta les mains en s'en allant. — Ah! reprit-elle après une pause, vous êtes venus animés tous d'une curiosité d'enfant. Vous vous êtes demandé, mon pauvre monsieur Becker, s'il est possible à une fille de dix-sept ans de savoir un des mille secrets que les savans cherchent, le nez en terre, au lieu de lever les yeux vers le ciel? Si je vous disais comment et par où la Plante communique à l'Animal, vous commenceriez à douter de vos doutes. Vous avez comploté de m'interroger, avouez-le?

— Oui, chère Séraphîta, répondit Wilfrid ; mais ce désir n'est-il pas naturel à des hommes ?

— Encore plus à la femme, dit-elle en posant la main sur les cheveux de Minna par un geste caressant.

La jeune fille leva les yeux et parut vouloir se fondre en lui.

— La parole est le bien de tous, reprit gravement l'être mystérieux. Malheur à qui garderait le silence au milieu du désert en croyant n'être entendu de personne ; tout parle et tout écoute ici-bas, la Parole meut les mondes. Je souhaite, monsieur Becker, ne rien dire en vain. Je connais les difficultés qui vous occupent le plus : ne serait-ce pas un miracle que d'embrasser tout d'abord le passé de votre conscience ? Eh bien ! le miracle va s'accomplir. Écoutez-moi. Vous ne vous êtes jamais avoué vos doutes dans toute leur étendue. Moi seule, inébranlable dans ma foi, je puis vous les dire, et vous effrayer de vous-mêmes. Vous êtes du côté le plus obscur du Doute, vous ne croyez pas en Dieu; et toute chose ici-bas devient secondaire pour qui s'attaque au principe des choses.

Abandonnons les discussions creusées sans fruit par de fausses philosophies? Les générations spiritualistes n'ont pas fait moins de vains efforts pour nier la Matière, que n'en ont tenté les générations matérialistes pour nier l'Esprit. Pourquoi ces débats? L'homme n'offrait-il pas à l'un et à l'autre système des preuves irrécusables? ne se rencontre-t-il pas en lui des choses matérielles et des choses spirituelles? Un fou seul peut se refuser à voir, dans le corps humain, un fragment de matière; en le décomposant, vos sciences naturelles y trouvent peu de différence entre ses principes et ceux des autres animaux. L'idée que produit en l'homme la comparaison de plusieurs

objets, ne semble non plus à personne être
dans le domaine de la Matière. Ici je ne me
prononce pas, il s'agit de vos doutes et non
de mes certitudes. A vous, comme à la plupart des penseurs, les rapports que vous avez
la faculté de découvrir entre les choses dont
vos sensations vous attestent la réalité, ne
semblent point devoir être matérielles. L'u-
nivers Naturel se termine donc en l'homme
par l'univers Surnaturel des similitudes ou
des différences qu'il aperçoit entre les innombrables formes de la Nature, relations
si multipliées qu'elles paraissent infinies ;
car si jusqu'à présent nul n'a pu dénombrer
les seules créations terrestres, quel homme
pourrait en énumérer les rapports ? La fraction que vous en connaissez n'est-elle pas à
leur somme totale, comme un nombre est à
l'infini ? Ici vous tombez déjà dans la perception de l'infini, qui, certes, vous fait concevoir un monde purement spirituel. Ainsi

l'homme présente une preuve suffisante de ces deux modes, la Matière et l'Esprit. En lui vient aboutir un visible univers fini, en lui commence un univers invisible et infini ; deux mondes qui ne se connaissent pas : les cailloux du Fiord ont-ils l'intelligence de leurs combinaisons, ont-ils la conscience des couleurs qu'ils présentent aux yeux de l'homme, entendent-ils la musique des flots qui les caressent ? Franchissons, sans le sonder, l'abîme que nous offre l'union d'un univers Matériel et d'un univers Spirituel ; une création visible, pondérable, tangible, terminée par une création intangible, invisible, impondérable ; toutes deux complètement dissemblables, séparées par le néant, réunies par des rapports incontestables, rassemblées dans un être qui tient et de l'un et de l'autre ! Confondons en un seul ces deux mondes inconciliables pour vos philosophies, et conciliés par le fait. Quelque abstraite que l'homme la suppose, la relation qui lie deux choses entre elles comporte une empreinte. Où? sur quoi? Nous n'en sommes pas à rechercher le point de subtilisation auquel peut arriver la Matière ; si telle était la question, je ne vois pas pourquoi celui qui a cousu par des rapports physiques les astres à d'incommensurables distances pour s'en faire un voile, n'aurait pu créer des substances pensantes, ni pourquoi vous lui interdiriez la faculté de donner un corps à la pensée?

Donc votre invisible univers moral et votre visible univers physique constituent une seule et même Matière; nous ne séparerons point les propriétés et les corps, ni les rapports et les objets. Tout ce qui existe, ce qui nous presse et nous accable au-dessus, au-dessous de nous, devant nous, en nous; ce que nos yeux et nos esprits aperçoivent, toutes ces choses nommées et innommées composeront, afin d'adapter le problème de la Création à la mesure de votre Logique, un bloc de matière fini ; autrement, s'il était infini, Dieu n'en serait plus le maître.

Ici, selon vous, cher pasteur, de quelque façon que l'on veuille mêler un Dieu infini à ce bloc de matière fini, Dieu ne saurait exister avec les attributs dont l'homme l'investit : en le demandant aux faits, il est nul ; en le demandant au raisonnement, il sera nul encore ; spirituellement et matériellement il devient impossible. Écoutons le Verbe de la Raison humaine pressée dans ses dernières conséquences ?

En mettant Dieu face à face avec ce Grand Tout, il n'est entre eux que deux états possibles. La Matière et Dieu sont contemporains, ou Dieu préexistait seul à la Matière. En supposant la raison qui éclaire les races humaines depuis qu'elles vivent, amassée dans une seule tête, cette tête gigantesque ne saurait inventer une troisième façon d'être, à moins de supprimer Matière et Dieu. Que les philosophies humaines entassent des montagnes de mots et d'idées, que les religions accumulent des images et des croyances, des révélations et des mystères, il faut en venir à ce terrible dilemme, et choisir entre les deux propositions dont il se compose. Mais vous n'avez pas à opter, l'une et l'autre conduit la raison humaine au Doute.

Le problème étant ainsi posé, qu'importe l'Esprit et la Matière? qu'importe la marche des mondes dans un sens ou dans un autre, du moment où l'être qui les mène est convaincu d'absurdité? A quoi bon chercher si l'homme s'avance vers le ciel ou s'il en revient, si la création s'élève vers l'Esprit ou descend vers la Matière, dès que les mondes interrogés ne donnent aucune réponse? Que signifient les théogonies et leurs armées? que signifient les théologies et leurs dogmes du moment où, quelque soit le choix de l'homme entre les deux faces du problème, son Dieu n'est plus !

Parcourons la première : supposons Dieu contemporain de la matière ? Est-ce être Dieu que de subir l'action ou la coexistence d'une substance étrangère à la sienne ? Dans ce système, Dieu ne devient-il pas un agent secondaire obligé d'organiser la Matière ? Qui l'a contraint ? Entre sa grossière compagne et lui, qui fut l'arbitre ? Qui donc a payé le salaire des Six journées à ce Grand-Artiste ? S'il s'était rencontré quelque force déterminante qui ne fût ni Dieu ni la Matière ; en voyant Dieu, tenu de fabriquer la machine des mondes, il serait aussi ridicule de l'appeler Dieu que de nommer citoyen de Rome l'esclave qui tournait une meule. D'ailleurs, il se présente une difficulté tout aussi peu soluble pour cette raison suprême, qu'elle l'est pour Dieu. Reporter le problème plus haut, n'est-ce pas agir comme les Indiens, qui placent le monde sur une tortue, la tortue sur un éléphant, et qui ne peuvent dire sur quoi reposent les pieds de leur éléphant. Cette Volonté suprême, jaillie du combat de la Matière et de Dieu, ce Dieu plus que Dieu, peut-il être demeuré pendant une éternité sans vouloir ce qu'il a voulu, en admettant que l'Éternité puisse se scinder en deux temps? N'importe où soit Dieu, son intelligence intuitive ne périt-elle point, s'il n'a pas connu sa pensée postérieure? Qui donc aurait raison entre ces deux Éternités? sera-ce l'Éternité incréée ou l'Éternité créée? S'il a voulu de tout temps le monde tel qu'il est, cette nouvelle nécessité, d'ailleurs en harmonie avec l'idée d'une souveraine intelligence, implique la co-éternité de la Matière. Que la matière soit co-éternelle par une volonté divine nécessairement semblable à elle-même en tout temps; ou que la Matière soit virtuellement co-éternelle, la puissance de Dieu devant être absolue, périt avec son Libre-Arbitre, car il se trouverait toujours en lui-même une raison déterminante qui l'aurait dominé. Est-ce être Dieu que de ne pas plus pouvoir se séparer de sa création dans une postérieure que dans une antérieure éternité ? Cette face du problème est donc insoluble dans sa cause ? Examinons-là dans ses effets.

Si Dieu, forcé d'avoir créé le monde de toute éternité, semble inexplicable, il l'est tout autant dans sa perpétuelle cohésion avec son œuvre. Dieu contraint de vivre éternellement uni à sa création est tout autant ravalé que dans sa première condition d'ouvrier. Concevez-vous un Dieu qui ne peut pas plus être indépendant que dépendant de son œuvre ? Peut-il la détruire sans se récuser lui-même ? Examinez, choisissez ! Qu'il la détruise un jour, qu'il ne la détruise jamais, l'un ou l'autre terme est fatal aux attributs sans les-

quels il ne saurait exister. Le monde est-il
un essai, une forme périssable dont la destruction aura lieu? Dieu ne serait-il pas
inconséquent et impuissant. Inconséquent :
ne devait-il pas voir le résultat avant l'expé-
rience, et pourquoi tarde-t-il à briser ce
qu'il brisera? Impuissant : devait-il créer un
monde imparfait? Si la création imparfaite
dément les facultés que l'homme attribue à
Dieu, retournons alors la question? supposons la création parfaite. L'idée est en harmonie avec celle d'un Dieu souverainement
intelligent qui n'a dû se tromper en rien ;
mais alors pourquoi la dégradation ? pourquoi la régénération? Puis le monde parfait
est nécessairement indestructible, ses formes
ne doivent point périr; le monde n'avance
ni ne recule donc jamais, il roule donc dans
une éternelle circonférence d'où il ne sortira
point? Imparfait, le monde admet une marche, un progrès; mais parfait, il serait station-

naire. S'il est impossible d'admettre un Dieu progressif, ne sachant pas de toute éternité le résultat de sa création, Dieu stationnaire existe-t-il ? n'est-ce pas le triomphe de la Matière ? n'est-ce pas la plus grande de toutes les négations ? Dans la première hypothèse Dieu périt par faiblesse, dans la seconde il périt par la puissance de son inertie.

Ainsi, dans la conception comme dans l'exécution des mondes, pour tout esprit de bonne foi, supposer la matière contemporaine de Dieu, n'est-ce pas vouloir nier Dieu. Forcées de choisir pour gouverner les nations entre les deux faces de ce problème, des générations entières de grands penseurs ont opté pour celle-ci ; de là, le dogme des deux principes qui de l'Asie a passé en Europe sous la forme de Satan combattant le Père éternel. Mais cette formule religieuse et les innombrables divinisations sociales qui en dérivent, ne sont-elles pas des crimes de lèze-majesté divine ? De quel autre nom appeler la croyance qui donne à Dieu pour rival une personnification du mal se débattant éternellement sous les efforts de son omnipotente intelligence, sans aucun triomphe possible ? Votre statique dit que deux Forces ainsi placées s'annullent réciproquement.

Vous vous retournez vers la deuxième face du problème ? Dieu préexistait seul, unique.

Ne reproduisons pas les argumentations précédentes qui reviennent dans toute leur force relativement à la scission de l'Éternité en deux temps, le temps incréé, le temps créé. Laissons également les questions soulevées par la marche ou l'immobilité des mondes, contentons-nous des difficultés inhérentes à ce second thème.

Si Dieu préexistait seul, le monde est émané de lui, la Matière fut alors tirée de son essence. Donc, plus de Matière ! toutes les formes surde, nous passons aux détails, quelle fin pouvons-nous assigner au monde? Si tout est Dieu, tout est réciproquement effet et cause ; ou plutôt il n'existe ni cause ni effet : tout est UN comme Dieu, et vous n'apercevez ni point de départ ni point d'arrivée. La fin réelle serait-elle une rotation de la matière qui va se subtilisant? En quelque sens qu'il se fasse, ne serait-ce pas un jeu d'enfant que le mécanisme de cette matière sortie de Dieu, retournant à Dieu? Pourquoi se ferait-il grossier? Sous quelle forme Dieu est-il le plus Dieu? Qui a raison de la Matière ou de l'Esprit, quand aucun des deux modes ne saurait avoir tort. Qui peut reconnaître Dieu dans cette éternelle Industrie par laquelle il se partagerait lui-même en deux Natures, dont l'une ne sait rien, dont l'autre sait tout? Concevez-vous Dieu s'amusant de lui-même, sous forme d'homme? riant de ses propres efforts, mourant vendredi pour renaître dimanche, et continuant cette plaisanterie dans les siècles des siècles en en sachant de toute éternité la fin ? ne se disant rien à lui Créature, de ce qu'il fait, lui Créateur. Le Dieu de la précédente hypothèse, ce Dieu si nul par la puissance de son inertie, semble plus possible, s'il fallait choisir dans l'impossible, que ce Dieu si stupidement rieur qui se fusille lui-même quand deux portions de l'humanité sont en présence, les armes à la main.

Quelque comique que soit cette suprême expression de la seconde face du problème, elle fut adoptée par la moitié du genre humain chez les nations qui se sont créées de riantes mythologies. Ces amoureuses nations étaient conséquentes ; chez elles tout était Dieu, même la Peur et ses lâchetés, même le Crime et ses bacchanales. En acceptant le panthéisme, la religion de quelques grands génies humains, qui sait de quel côté se trouve alors la raison? Est-elle chez le sauvage, libre dans le désert, vêtu dans sa nudité, sublime et toujours juste dans ses actes quels qu'ils soient, entendant le soleil, causant avec la mer? Est-elle chez l'homme civilisé qui ne doit ses plus grandes jouissances qu'à des mensonges, qui tord et presse la nature pour se mettre un fusil sur l'épaule, qui a usé son intelligence pour avancer l'heure de sa mort et se créer des maladies dans tous ses plaisirs? Quand le râteau de la peste ou de la guerre, quand le génie des déserts a passé sur un coin du globe en y effaçant tout, qui a eu raison du sauvage de Nubie ou du patricien de Thèbes? Vos doutes descendent de haut en bas, ils embrassent tout, la fin comme les moyens. Si le monde physique semble inexplicable, le monde moral prouve donc encore plus contre Dieu. Où est alors le progrès? Si tout va se perfectionnant, pourquoi mourons-nous enfans? pourquoi les nations au moins ne se perpétuent-elles pas! Le monde issu de Dieu, contenu en Dieu, est-il stationnaire? Vivons-nous une fois? vivrons-nous toujours? Si nous vivons une fois, pressés par la marche du Grand-Tout dont il ne nous a pas été donné connaissance, agissons à notre guise! Si nous sommes éternels, laissons faire! La créature peut-elle être coupable d'exister au moment des transitions? Si elle pèche à l'heure d'une grande transformation, en sera-t-elle punie après en avoir été la victime? Que devient la bonté divine en ne nous mettant pas immédiatement dans les régions heureuses, s'il en existe? Que devient la prescience de Dieu, s'il ignore le résultat des épreuves auxquelles il nous soumet? Qu'est cette alternative présentée à l'homme par toutes les religions d'aller bouillir dans une chaudière éternelle, ou de se promener en robe blanche, une palme à la main, la tête ceinte d'une auréole ? Se peut-il que cette invention païenne soit le dernier mot d'un Dieu ? Quel esprit généreux ne trouve d'ailleurs indigne de l'homme et de Dieu la vertu par calcul qui suppose une éternité de plaisirs offerte par toutes les religions à qui remplit, pendant quelques heures d'existence, certaines conditions bizarres et souvent contre nature. N'est-il pas ridicule de donner des sens impétueux à l'homme et de lui en interdire la satisfaction. D'ailleurs, à quoi bon ces maigres objections quand le Bien et le Mal sont également annulés. Le Mal existe-t-il ? Si la substance dans toutes ses formes est Dieu, le Mal est Dieu. La faculté de raisonner aussi bien que la faculté de sentir étant donnée à l'homme pour en user, rien n'est plus pardonnable que de chercher un sens aux douleurs humaines, et d'interroger l'avenir ; or si ces raisonnemens droits et rigoureux amènent à conclure ainsi, quelle confusion ! Ce monde n'a nulle fixité, rien n'avance et rien ne s'arrête ; tout change et rien ne se détruit ; tout revient après s'être réparé, car si votre esprit ne vous démontre pas rigoureusement une fin, il est également impossible de démontrer l'anéantissement de la moindre parcelle de Matière : elle peut se transformer, mais non s'anéantir. Si la force aveugle donne gain de cause à l'athée, la force intelligente est inexplicable, car émanée de Dieu, doit-elle rencontrer le moindre obstacle ? son triomphe ne doit-il pas être immédiat. Où est Dieu ? Si les vivans ne l'apercoivent pas, les morts le trouveront-ils ? Écroulez-vous, idolâtries et religions ! Tombez, trop faibles clefs de toutes les voûtes sociales qui n'avez retardé ni la chute, ni la mort, ni l'oubli de toutes les nations passées, quelque fortement qu'elles se soient fondées ! Tombez morales et justices ! nos crimes sont purement relatifs, ce sont des effets divins dont l'homme ignore les causes! Tout est Dieu. Ou nous sommes Dieu, ou Dieu n'est pas!

Enfant d'un siècle dont chaque année a mis sur ton front les glaces de ses incrédulités ; vieillard ! voici le résumé de tes sciences et de tes longues réflexions. Cher monsieur Becker, vous avez posé la tête sur l'oreiller du Doute en y trouvant la plus commode de toutes les solutions, agissant ainsi comme la majorité du genre humain qui se dit : — Ne pensons plus à ce problème, du moment où Dieu ne nous a pas fait la grâce de nous octroyer une démonstration algébrique pour le résoudre, tandis qu'il nous en a tant accordé pour aller sûrement de la terre aux astres. Ne sont-ce pas vos pensées intimes ? Les ai-je éludées ? Ne les ai-je pas au contraire nettement accusées ? Soit le dogme des deux principes, antagonisme où Dieu périt par cela même que tout-puissant il s'amuse à combattre ; soit l'absurde panthéisme où tout étant Dieu, Dieu n'est plus ; ces deux sources d'où découlent les religions au triomphe desquelles s'est employé la Terre, sont également pernicieuses. Voici jetée entre nous la hache à double tranchant avec laquelle vous coupez la tête à ce vieillard blanc intronisé par vous sur des nuées peintes? Maintenant, à moi la hache !

M. Becker et Wilfrid regardèrent la jeune fille avec une sorte d'effroi.

— Croire, reprit Séraphîta de sa voix de Femme car l'Homme venait de parler, croire est un don! Croire, c'est sentir. Pour croire en Dieu, il faut sentir Dieu. Ce sens est une propriété lentement acquise par l'être, comme s'acquièrent les étonnans pouvoirs que vous admirez dans les grands hommes, chez les guerriers, les artistes et les savans, chez ceux qui savent, chez ceux qui produisent, chez ceux qui agissent. La pensée, faisceau des rapports que vous apercevez entre les choses, est une langue intellectuelle qui s'apprend, n'est-ce pas? la Croyance, faisceau des vérités célestes, est également une langue, mais aussi supérieure à la pensée, que la pensée est supérieure à l'instinct. Cette langue s'apprend. Le Croyant répond par un seul cri, par un seul geste; la Foi lui met aux mains une épée flamboyante avec laquelle il tranche et éclaire tout. Le Voyant ne redescend pas du ciel, il le contemple et se tait. Il est une créature qui croit et voit, qui sait et peut, qui aime et prie, qui attend. Résignée, aspirant au royaume de la lumière, elle n'a ni le dédain du Croyant, ni le silence du Voyant; elle écoute et répond; pour elle, le doute des siècles ténébreux n'est pas une arme meurtrière, mais un fil conducteur; elle accepte le combat sous toutes les formes, elle plie sa langue à tous les langages; elle ne s'emporte pas, elle plaint; elle ne condamne et ne tue personne, elle sauve et console; elle n'a pas l'acerbité de l'aggresseur, mais la douceur et la ténuité de la lumière qui pénètre, échauffe, éclaire tout; à ses yeux, le Doute n'est ni une impiété, ni un blasphème, ni un crime; mais une transition d'où l'homme retourne sur ses pas dans les Ténèbres ou s'avance vers la Lumière. Ainsi donc, cher pasteur, raisonnons? Vous ne croyez pas en Dieu. Pourquoi? Dieu, selon vous, est incompréhensible, inexplicable. D'accord. Je ne vous dirai pas que comprendre Dieu tout entier, ce serait être Dieu; je ne vous dirai pas injurieusement que vous niez ce qui vous semble inexplicable, afin de me donner le droit d'affirmer ce qui me paraît croyable. Il est pour vous un fait évident qui se trouve en vous-même. En vous la matière aboutit à l'intelligence. Et vous pensez que l'intelligence humaine aboutirait aux ténèbres, au doute, au néant ! Si Dieu vous semble incompréhensible, inexplicable ; avouez au moins que vous voyez, en toute chose purement physique, un conséquent et sublime ouvrier ? Pourquoi sa logique s'arrêterait-elle à l'homme, sa création la plus achevée ? Si cette question n'est pas convainquante, elle exige au moins quelques méditations. Si vous niez Dieu, heureusement afin d'établir vos doutes, vous reconnaissez des faits à double tranchant qui tuent tout aussi bien vos raisonnemens que vos raisonnemens tuent Dieu. Nous avons également admis que la Matière et l'Esprit étaient deux créations qui ne se comprenaient point l'une l'autre, que le monde spirituel se composait de rapports infinis auxquels donnait lieu le monde matériel fini ; que si nul sur la terre n'avait pu s'identifier par la puissance de son esprit avec l'ensemble des créations terrestres, à plus forte raison nul ne pouvait s'élever à la connaissance des rapports que l'esprit aperçoit entre ces créations. Ainsi déjà nous pourrions en finir d'un seul coup, en vous déniant la faculté de comprendre Dieu, comme vous déniez aux cailloux du Fiord la faculté de se compter et de se voir. Savez-vous s'ils ne nient pas l'homme, eux! quoique l'homme les prenne pour s'en bâtir sa maison? Il est un fait qui vous écrase, l'infini; si vous le sentez en vous, comment n'en admettez-vous pas les conséquences? le fini peut-il avoir une entière connaissance de l'infini? Si vous ne pouvez embrasser les rapports qui, de votre aveu, sont infinis; comment embrasseriez-vous la fin éloignée dans laquelle il se résument? L'ordre dont vous exigez la révélation étant infini, votre raison bornée l'entendra-t-elle? Et ne demandez pas pourquoi l'homme ne comprend point ce qu'il peut percevoir, car il perçoit également ce qu'il ne comprend pas. Si je vous démontre que votre esprit ignore tout ce qui se trouve à sa portée, m'accorderez-vous qu'il lui soit impossible de concevoir ce qui la dépasse? Alors n'aurai-je pas raison de vous dire : « — L'un des termes sous lesquels Dieu périt au tribunal de votre raison doit être vrai, l'autre est faux ; la création existant, vous sentez la nécessité d'une fin, cette fin ne doit-elle pas être belle? or si la matière se termine en l'homme par l'intelligence, pourquoi ne vous contenteriez-vous pas de savoir que la fin de l'intelligence humaine est la lumière des sphères supérieures auxquelles est réservée l'intuition Dieu qui vous semble être un problème insoluble. Avant d'employer sa force à mesurer Dieu, l'homme ne devrait-il pas être plus instruit sur lui-même qu'il ne l'est ? Avant de menacer les étoiles qui l'éclairent, avant d'attaquer les certitudes élevées, ne devrait-il pas établir les certitudes qui le touchent ? »

Mais aux raisonnemens du Doute, je dois des négations. Maintenant donc, je vous demande s'il est ici-bas quelque chose d'assez évident par soi-même à quoi je puisse ajouter foi ? En un moment, je vais vous prouver que vous croyez fermement à des choses qui agissent et ne sont pas des êtres, qui engendrent la pensée et ne sont pas des esprits, à des abstractions vivantes que l'entendement ne saisit sous aucune forme, qui ne sont nulle part, mais que vous trouvez partout, qui sont sans nom possible et que vous avez nommées ; qui, semblables au Dieu de chair que vous vous figurez, périssent sous l'inexplicable, l'incompréhensible et l'absurde. Et je vous demanderai comment, adoptant ces choses, vous réservez vos doutes pour Dieu.

Vous croyez au Nombre ? base sur laquelle vous asseyez l'édifice de sciences que vous appelez exactes. Sans le Nombre, plus de mathématiques. Eh bien ! quel être mystérieux, à qui serait accordé la faculté de vivre toujours, pourrait achever de prononcer, et dans quel langage assez prompt dirait-il le Nombre qui contiendrait les nombres infinis dont votre pensée vous démontre l'existence ? Demandez-le au plus beau des génies humains, il serait cent ans assis au bord d'une table, la tête entre ses mains, que vous répondrait-il ? Vous ne savez ni où le Nombre commence, ni où il s'arrête, ni quand il finira ; ici vous l'appelez le temps, là vous l'appelez l'espace ; rien n'existe que par lui, sans lui tout serait une seule et même substance, lui seul différencie et qualifie. Le Nombre est à votre Esprit ce qu'il est à la Matière, un agent incompréhensible. En ferez-vous un Dieu ? est-ce un être ?

est-ce un souffle émané de Dieu pour organiser la Matière où rien n'obtient sa forme que par la Divisibité qui est un effet du Nombre ? Les plus petites comme les plus immenses créations ne se distinguent-elles pas entre elles par leurs quantités, leurs qualités, leurs dimensions, leurs forces, tous attributs enfantés par le Nombre. L'infini des Nombres est un fait prouvé pour votre Esprit, dont la Matière ne peut se donner aucune preuve à elle-même. Le mathématicien vous dira que le Nombre existe et ne se démontre pas. Dieu, cher pasteur, est un nombre doué de mouvement, qui se sent et ne se démontre pas, vous dira le croyant. Comme l'Unité, il commence les nombres avec lesquels il n'a rien de commun ; car l'existence du Nombre dépend de l'Unité qui, sans être un Nombre, les engendre tous ? Dieu, cher pasteur, est une magnifique Unité qui n'a rien de commun avec ses créations, et qui néanmoins les engendre ! Vous seuls sur la terre comprenez le Nombre, cette première marche du péristyle qui mène à Dieu ; et sur laquelle déjà trébuche votre raison. Hé quoi ! vous ne pouvez ni mesurer la première abstraction que Dieu vous a livrée, ni la saisir, et vous soumettez à votre mesure les fins de Dieu ! Que serait-donc si je vous plongeais dans les abîmes du Mouvement, cette force qui organise le Nombre ? Ainsi quand je vous dirais que l'univers n'est que Nombre et Mouvement, vous voyez que déjà nous parlerions un langage différent. Je comprends l'un et l'autre, et vous ne les comprenez pas. Que serait-ce si j'ajoutais que le Mouvement et le Nombre sont engendrés par la Parole ? ce mot, la raison suprême des Voyans et des Prophètes qui jadis entendirent ce souffle de Dieu sous lequel tomba Saint-Paul, vous vous en moquez, vous hommes dont cependant toutes les œuvres visibles, dont les sociétés, les monumens, les actes, les passions procèdent de votre faible parole ; et qui sans le langage ressembleriez au cousin germain du nègre, à l'homme des bois. Vous croyez donc fermement au Nombre et au Mouvement, force et résultat inexplicables, incompréhensibles à l'existence desquels je puis appliquer le dilemme qui vous dispensait naguère de croire en Dieu. Vous, si puissant raisonneur, ne me dispenserez-vous point de vous démontrer la similitude de l'Infini. Dieu seul est infini, certes il ne peut y avoir deux infinis. Si, pour se servir des mots humains, quelque chose démontrée ici-bas, vous semble infinie, soyez certain d'y entrevoir une des faces de Dieu. Poursuivons ? Vous vous êtes approprié une place dans cet infini, vous l'avez accommodé à votre taille en créant, si toutefois vous pouvez créer quelque chose, l'arithmétique, base sur laquelle repose tout, même vos sociétés. De même que le Nombre la seule chose à laquelle ont cru vos soi-disant athées, organise les créations physiques ; de même l'arithmétique, emploi du Nombre, organise le monde moral. Cette numération devrait être absolue comme tout ce qui est vrai en soi, mais elle est purement relative ; elle n'existe pas absolument, vous ne pouvez donner aucune preuve de sa réalité. D'abord si cette Numération est habile à chiffrer les substances organisées, elle est impuissante relativement aux forces organisantes, les unes étant finies et les autres infinies. Puis, si la nature est semblable à elle-même dans les forces organisantes ou dans ses principes, elle ne l'est jamais dans ses effets. Ainsi vous ne rencontrez nulle part dans la nature deux objets identiques. Dans l'Ordre Naturel, deux et deux ne peuvent donc jamais faire quatre, car il faudrait assembler des unités exactement pareilles, et vous savez qu'il est impossible de trouver deux feuilles semblables sur un même arbre, ni deux sujets semblables dans la même espèce d'arbre. Cet axiome de votre numération, faux dans la Nature visible, est également faux dans l'univers invisible de vos abstractions, où la même variété a lieu dans vos idées, qui sont les choses du monde visible, mais étendues par leurs rapports. Ainsi, les différences sont encore plus tranchées là que partout ailleurs. En effet, tout y étant relatif au tempérament, à la force, aux mœurs, aux habitudes des individus qui ne se ressemblent jamais entre eux, les moindres objets y représentent des sentimens. Assurément, si l'homme a pu créer des unités, n'est-ce pas en donnant un poids et un titre égal à des morceaux d'or ? Hé bien, vous pouvez ajouter le ducat du pauvre au ducat du riche, et vous dire au trésor public que ce sont deux quantités égales ; mais aux yeux du penseur, l'un est certes moralement plus considérable que l'autre : l'un représente un mois de bonheur, l'autre représente le plus éphémère caprice. Deux et deux ne font donc quatre que par exception, rarement. La fraction n'existe pas non plus dans la nature. Il arrive, et vous en avez des preuves, que le centième d'une substance soit plus fort que ce que vous appelleriez l'entier. Si la fraction n'existe pas dans l'Ordre Naturel, elle existe encore bien moins dans l'Ordre Moral, où les idées et les sentimens peuvent être variés comme les espèces de l'Ordre Végétal, mais sont toujours entiers. La théorie des fractions est donc une insigne complaisance de votre esprit ; et le Nombre est donc une puissance dont vous ne maniez qu'une faible partie, dont vous ignorez la portée. Vous vous êtes construit une chaumière dans l'espace infini des nombres, vous l'avez ornée d'hiéroglyphes savamment rangés et peints, et vous avez crié : — Tout est là.

Du nombre pur, passons au nombre incorporé ?

Votre géométrie établit que la ligne droite est le chemin le plus court d'un point à un autre, mais votre astronomie vous démontre que Dieu n'a procédé que par des courbes. Voici donc, dans la même science, deux vérités également prouvées ; l'une par le témoignage de vos sens agrandis du télescope, l'autre par le témoignage de votre esprit ; mais dont l'une contredit l'autre : l'homme sujet à erreur affirme l'une, et l'ouvrier des mondes que vous n'avez encore pris nulle part en faute, la dément. Qui prononcera donc entre la géométrie rectiligne et la géométrie curviligne ? entre la théorie de la droite et la théorie de la courbe ? Si dans son œuvre, le mystérieux artiste qui sait arriver miraculeusement vite à ses fins n'emploie point la ligne droite, l'homme lui-même ne peut jamais y compter : le boulet, que l'homme veut diriger en droite ligne, marche par la courbe, et quand vous voulez sûrement atteindre un point dans l'espace, vous ordonnez à la bombe de suivre sa cruelle parabole. Aucun de vos savans n'a tiré cette simple induction : que la Courbe est la loi des mondes matériels, et la Droite celle des mondes spirituels ; l'une est la théorie des créations finies, l'autre est la théorie de l'infini. L'homme, ayant seul ici bas la connaissance de l'infini, peut seul connaître la ligne droite ; lui seul a le sentiment de la verticalité placé dans un organe spécial. L'attachement pour les créations de la courbe ne serait-il pas chez certains hommes l'indice d'une impureté de leur nature, encore mariée aux substances matérielles qui nous engendrent ; et l'amour des grands esprits pour la ligne droite, n'accuserait-il pas en eux un pressentiment du Ciel. Entre ces deux lignes est un abîme, comme entre le fini et l'infini, comme entre la matière et l'esprit, entre l'homme et l'idée, entre le mouvement et l'objet mu, entre la créature et Dieu. Demandez à l'amour divin ses ailes, et vous franchirez cet abîme ! au-delà, commence la Révélation du Verbe. Nulle part les choses que vous nommez matérielles ne sont sans profondeur ; les lignes sont les terminaisons de solidités qui comportent une force d'action que vous supprimez dans vos théorèmes, ce qui les rend faux par rapport aux corps pris dans leur entier ; delà, cette constante destruction de tous les monumens humains que vous armez, à votre insu, de propriétés agissantes. La nature n'a que des corps, votre science n'en combine que les apparences ; aussi, la nature donne-t-elle à chaque pas, des démentis à toutes vos lois. Trouvez-en une seule qui ne soit désapprouvée par un fait. Les lois de votre statique sont soufflettées par mille accidens de la physique, car un fluide renverse les plus pesantes montagnes, et vous prouve ainsi que les substances les plus lourdes peuvent être soulevées par des substances impondérables. Vos lois sur le son et sur la lumière sont annulées par les paroles que vous entendez en vous-mêmes pendant le sommeil et par les torrens du soleil électrique dont parfois les rayons vous accablent. Vous ne savez pas plus comment la lumière se fait intelligence en vous, que vous ne connaissez le procédé simple et naturel qui la change en rubis, en saphir, en opale, en éméraude au cou d'un oiseau des Indes, tandis qu'elle reste grise et brune sur celui du même oiseau vivant sous le ciel nuageux de l'Europe, ni comment elle reste blanche ici au sein de la nature polaire. Vous ne pouvez pas décider si la couleur est une faculté dont les corps sont doués, ou si elle est un effet produit par l'affusion de la lumière. Vous admettez l'amertume de la mer, sans avoir vérifié si la mer est salée dans toute sa profondeur. Vous avez reconnu l'existence de plusieurs substances qui traversent ce que vous croyez être le vide; substances qui ne sont saisissables sous aucune des formes affectées par la matière, et se mettent en harmonie avec elle malgré tous les obstacles. Cela étant, vous croyez aux résultats obtenus par la chimie qui ne sait encore aucun moyen d'évaluer les changemens opérés par le flux ou par le reflux de ces substances qui s'en vont et qui viennent à travers vos cristaux et vos machines sur les filons insaisissables de la chaleur ou de la lumière conduites, exportées par les affinités du métal ou du silex vitrifié. Vous n'obtenez que des substances mortes d'où vous avez chassé la force inconnue qui s'oppose à ce que tout se décompose ici-bas, et dont l'attraction, la vibration, la cohésion et la polarité ne sont que des phénomènes. La vie est la pensée des corps, ils ne sont, eux, qu'un moyen de la fixer, de la contenir dans sa route ; si les corps étaient des êtres vivans par eux-mêmes, ils seraient *cause* et ne mourraient pas. Quand un homme constate les résultats du mouvement général que se partagent toutes les créations suivant leur faculté d'absorption, vous le proclamez le savant par excellence ; comme si le génie consistait à dire ce qui est, le génie doit jeter son œil au-delà des effets ! Tous vos savans riraient, si vous leur disiez : « Il est des rapports si certains entre deux êtres dont l'un serait ici, l'autre à Java, qu'ils pourraient au même instant éprouver la même sensation, en avoir la conscience, s'interroger se répondre sans erreur ! « Néanmoins il est des substances minérales qui témoignent de sympathies aussi lointaines. Vous croyez à la puissance de l'électricité fixée dans l'aimant, et vous niez le pouvoir de celle que dégage l'ame. Selon vous, la lune, dont vous adoptez l'influence sur les marées, n'en a aucune sur les vents, ni sur la végétation, ni sur les hommes ; elle remue la mer et ronge le verre, mais elle doit respecter les malades; elle a des rapports certains avec une moitié de l'humanité, mais elle ne peut rien sur l'autre. Ce sont là vos plus riches certitudes.

Ainsi la plupart de vos axiomes scientifiques, vrais par rapport à l'homme, sont faux par rapport à l'ensemble. La science est une, et vous l'avez partagée. Pour savoir le sens vrai des lois phénoménales, ne faudrait-il pas connaître les corrélations qui existent entre les phénomènes et la loi d'ensemble. En toute chose, il est une apparence qui frappe vos sens ; sous cette apparence, il se meut une ame, il y a le corps et la faculté. Où enseignez-vous l'étude des rapports qui lient les choses entre elles? Vous n'avez donc rien d'absolu. Vos thèmes les plus certains reposent sur l'analyse des formes matérielles, dont vous négligez l'esprit.

Il est une science élevée que certains hommes entrevoient trop tard, sans oser l'avouer. Ils ont compris la nécessité de considérer les corps non seulement dans leurs propriétés mathématiques, mais encore dans leur ensemble, dans leurs affinités occultes. Le plus grand d'entre vous a deviné, sur la fin de ses jours, que tout était cause et effet, réciproquement; que les mondes visibles étaient coordonnés entre eux et soumis à des mondes invisibles ; il a gémi d'avoir essayé d'établir des préceptes absolus! En comptant les grains de raisin semés dans l'éther, il en avait expliqué la cohérence par les lois de l'attraction planétaire et moléculaire ; vous avez salué cet homme! Eh bien ! je vous le dis, il est mort au désespoir. Croyez-vous que la liaison des astres entre eux et l'action centripète de leur mouvement interne l'ait empêché de chercher le cep d'où pendait cette grappe ? Le malheureux ! plus il agrandissait l'espace, plus lourd devenait son fardeau. Il vous a dit comment il y avait équilibre entre les parties ; mais où va le tout ? Il contemplait l'étendue, infinie aux yeux de l'homme, et remplie par ces groupes de mondes dont le télescope n'embrasse qu'une minime portion, mais dont la rapidité de la lumière trahit l'immensité. Cette contemplation sublime lui a donné une perception nette des mondes qui, plantés dans cet espace comme des fleurs dans une prairie, naissent comme des enfans, croissent comme des hommes, meurent comme des vieillards, vivent en s'assimilant dans leur atmosphère les substances propres à les alimenter, qui ont un centre et un principe de vie, qui se garantissent les uns des autres par une aire ; qui, semblables aux plantes, absorbent et sont absorbés, qui composent un ensemble doué de vie, ayant sa destinée. A cet aspect, cet homme a tremblé ! Il savait que la vie est produite par l'union de la chose avec son principe, que la mort ou l'inertie, qu'enfin la pesanteur est produite par une rupture entre un objet et le mouvement qui lui est propre ; alors il a pressenti le craquement de ces mondes, abîmés si Dieu leur retirait sa Parole. Il s'est mis à chercher dans l'Apocalypse les traces de cette Parole ! Vous l'avez cru fou, tandis qu'il cherchait à se faire pardonner son génie.

Wilfrid, vous êtes venu pour me prier de résoudre des équations, de m'enlever sur un nuage de pluie, de me plonger dans le Fiord, et de reparaître en cygne. Si de telles choses étaient la fin de l'humanité, Moïse vous aurait légué le calcul des fluxions ; Jésus-Christ vous aurait éclairé les obscurités de vos sciences ; ses apôtres vous auraient dit d'où sortent ces immenses traînées de gaz ou de métaux en fusion, attachées à des noyaux qui tournent pour se solidifier en cherchant une place dans l'éther, et qui entrent quelquefois violemment dans un système quand elles se combinent avec un astre, le heurtent et le détruisent ou par leur choc ou par l'infiltration de leurs gaz mortels ; au lieu de vous faire vivre en Dieu, saint Paul vous eût expliqué comment la nourriture est le lien secret de toutes les créations et le lien évident de l'Animalité. Aujourd'hui le plus grand miracle serait de trouver le carré égal au cercle, problème que vous jugez impossible et qui sans doute est résolu dans la marche des mondes par quelque ligne mathématique dont les enroulemens apparaissent à l'œil des esprits parvenus aux sphères supérieures. Croyez-moi, les miracles sont en nous et non au dehors. Ainsi se sont accomplis les faits naturels que les peuples ont crus surnaturels. Dieu n'aurait-il pas été injuste en témoignant sa puissance à des générations, et refusant ses témoignages à d'autres. La verge d'airain appartient à tous. Ni Moïse, ni Jacob, ni Zoroastre, ni Paul, ni Pythagore, ni Swedenborg, ni les plus obscurs Messagers, ni les plus éclatans Prophètes de Dieu n'ont été supérieurs à ce que vous pouvez être. Seulement il est pour les nations des heures où elles ont la foi. Si la science matérielle devait être le but des efforts humains ; avouez-le, les sociétés, ces grands foyers où les hommes se sont rassemblés, seraient-ils toujours providentiellement dispersés? Si la civilisation était le but de l'Espèce, l'intelligence périrait-

elle, resterait-elle purement individuelle ?
La grandeur de toutes les nations qui furent
grandes était basée sur des exceptions ;
l'exception cessée, morte fut la puissance.
Les voyans, les prophètes, les messagers
n'auraient-ils pas mis la main à la Science
au lieu de l'appuyer sur la Croyance, n'auraient-ils pas frappé sur vos cerveaux au
lieu de toucher vos cœurs. Tous sont venus pour pousser les nations à Dieu ; tous
ont proclamé la voie sainte en vous disant les simples paroles qui conduisent
au royaume des cieux. Tous embrasés d'a-
mour et de foi, tous inspirés de cette parole qui plane sur les populations, les en-
serre, les anime, et les fait lever, ne
l'employaient à aucun intérêt humain. Vos
grands génies, des poètes, des rois, des
savans sont engloutis avec leurs villes ;
le désert les a revêtus de ses manteaux de
sable, tandis que les noms de ces bons pas-

teurs, bénis encore, surnagent aux désastres.

Nous ne pouvons nous entendre sur aucun point ; nous sommes séparés par des abîmes, vous êtes du côté des ténèbres, et moi je vis dans la vraie lumière. Est-ce cette parole que vous avez voulue, je la dis avec joie, elle peut vous changer. Sachez-le donc, il y a les sciences de la matière, et les sciences de l'esprit. Là où vous voyez des corps, moi je vois des forces qui tendent les unes vers les autres par un mouvement générateur. Pour moi, le caractère des corps est l'indice de leurs principes et le signe de leurs propriétés. Ces principes engendrent des affinités qui vous échappent et qui sont liées à des centres. Les différentes espèces où la vie est distribuée sont des sources incessantes qui qui correspondent entre elles. A chacune sa production spéciale. L'homme est effet et cause ; il est alimenté, mais il alimente à son tour. En nommant Dieu le créateur, vous le rapetissez; il n'a créé, comme vous le pensez, ni les plantes, ni les animaux, ni les astres. Pouvait-il procéder par plusieurs moyens? N'a-t-il pas agi par l'unité de composition? Aussi, a-t-il donné des principes qui devaient se développer selon sa loi générale, au gré des milieux où ils se trouveraient. Donc, une seule substance et le mouvement; une seule plante, un seul animal, mais des rapports continus. En effet, toutes les affinités sont liées par des similitudes contiguës, et la vie des mondes est attirée vers des centres par une aspiration affamée, comme vous êtes poussés tous par la faim à vous nourrir. Pour vous donner un exemple des affinités liées à des similitudes, loi secondaire sur laquelle reposent les créations de votre pensée, la musique, art céleste, est la mise en œuvre de ce principe. N'est-elle pas un ensemble de sons harmoniés par le Nombre. Le son n'est-il pas une modification de l'air, comprimé, dilaté, répercuté? Vous connaissez la composition de l'air : azote, oxigène et carbone. Comme vous n'obtenez pas de son dans le vide, il est clair que la musique et la voix humaine sont le résulat de substances chimiques organisées, qui se mettent à l'unisson des mêmes substances préparées en vous par votre pensée; coordonnées au moyen de la lumière, la grande nourrice de votre globe : avez-vous pu contempler les amas de nitre déposés par les neiges, avez-vous pu voir les décharges de la foudre, et les plantes aspirant dans l'air les métaux qu'elles contiennent, sans conclure que le soleil met en fusion et distribue la subtile essence dont tout ici-bas se nourrit? Comme l'a dit Swedenborg, *la terre est un homme.*

Vos sciences actuelles, ce qui vous fait grands à vos propres yeux, sont des misères auprès des lueurs dont sont inondés les

Voyans. Cessez, cessez de m'interroger, nos langages sont différens. Je me suis un moment servi du vôtre pour vous jeter un éclair de foi dans l'ame, pour vous donner un pan de mon manteau, et vous entraîner dans les belles régions de la prière. Est-ce à Dieu de s'abaisser à vous? n'est-ce pas vous qui devez vous élever à lui? Si la raison humaine a sitôt épuisé l'échelle de ses forces en y étendant Dieu pour se le démontrer sans y parvenir, n'est-il pas évident qu'il faut chercher une autre voie pour le connaître? Cette voie est en nous-mêmes. Là, des yeux plus perçans que ne le sont les yeux appliqués aux choses de la terre aperçoivent une Aurore. Entendez la vérité? vos sciences les plus exactes, vos méditations les plus hardies, vos plus belles Clartés sont des Nuées; au-dessus, est le Sanctuaire d'où jaillit la vraie lumière.

Elle s'assit et garda le silence sans que son calme visage accusât la plus légère de ces trépidations dont sont saisis les orateurs après leurs improvisations les moins courroucées.

Wilfrid dit à M. Becker, en se penchant vers son oreille : — Qui lui a dit cela?

— Je ne sais pas, répondit-il.

— Il était plus doux sur le Falberg, se disait Minna.

Séraphîta se passa la main sur les yeux et dit en souriant : — Vous êtes bien pensifs, ce soir, messieurs. Vous nous traitez, Minna et moi, comme des hommes à qui l'on parle politique ou commerce, tandis que nous sommes de pauvres jeunes filles auxquelles vous devriez faire des contes en prenant du thé, comme cela se pratique dans nos veillées de Norwége. Voyons, M. Becker, racontez-moi quelques unes des *Saga* que je ne sais pas! Celle de Frithiof, cette chronique à laquelle vous croyez et que vous m'avez promise. Dites-nous cette histoire où le fils d'un paysan possède un navire qui parle et qui a une âme? je rêve de la frégate Ellida ! N'est-ce pas sur cette fée à voiles que devraient naviguer les jeunes filles?

— Puisque nous revenons à Jarvis, dit Wilfrid dont les yeux s'attachaient à Séraphîta comme ceux d'un voleur caché dans l'ombre s'attachent à l'endroit où gît le trésor, dites-moi pourquoi vous ne vous mariez pas?

— Vous naissez tous veufs ou veuves, répondit-elle ; mais mon mariage était préparé dès ma naissance, et je suis fiancée...

— A qui, dirent-ils tous à la fois.

— Laissez-moi mon secret, dit cet être bizarre. Je vous promets, si notre père le veut, de vous convier à ces noces mystérieuses.

— Sera-ce bientôt?

— J'attends.

Un long silence suivit cette parole.

— Le printemps est venu, dit Séraphîta, le fracas des eaux et des glaces rompues commence, ne venez-vous pas saluer le premier printemps d'un nouveau siècle ?

Elle se leva suivie de Wilfrid, et ils allèrent ensemble à une fenêtre que David avait ouverte. Après le long silence de l'hiver, les grandes eaux se remuaient sous les glaces et retentissaient dans le Fiord comme une musique, car il est des sons que l'espace épure et qui arrivent à l'oreille comme des ondes pleines à la fois de lumière et de fraîcheur.

— Cessez, Wilfrid, cessez d'enfanter de mauvaises pensées dont le triomphe vous serait pénible à porter. Qui ne lirait vos désirs dans les étincelles de vos regards. Soyez bon, faites un pas dans le bien ? n'est-ce pas aller au-delà de l'*aimer* des hommes que de se sacrifier complètement au bonheur de celle qu'on aime ? Obéissez-moi, je vous mènerai dans une voie où vous obtiendrez toutes les grandeurs que vous rêvez, et où l'amour sera vraiment infini.

Elle laissa Wilfrid pensif.

— Cette douce créature est-elle bien la prophétesse qui vient de jeter des éclairs par les yeux, dont la parole a tonné sur les mondes, dont la main a manié contre nos sciences la hache du doute? Avons-nous veillé pendant quelques momens? se dit-il.

— Minna, dit Séraphîtüs, en revenant auprès de la fille du pasteur, les aigles volent où sont les cadavres, les colombes volent où sont les sources vives, sous les ombrages verts et paisibles. L'aigle monte aux cieux, la colombe en descend. Cesse de t'aventurer dans une région où tu ne trouverais ni sources, ni ombrages. Si, naguère tu n'as pu contempler l'abîme sans être brisée, garde tes forces pour qui t'aimera·

Va, pauvre fille, tu le sais, j'ai ma fiancée.

Minna se leva et vint avec Séraphîtüs à la fenêtre où était Wilfrid. Tous trois entendirent la Sieg bondissant sous l'effort des eaux supérieures, qui détachaient déjà des arbres pris dans les glaces. Le Fiord avait retrouvé sa voix. Les illusions dissipées, tous admirèrent la nature qui se dégageait de ses entraves, et semblait répondre par un sublime accord à l'Esprit dont la voix venait de la réveiller.

Lorsque les trois hôtes de cet être mystérieux le quittèrent, ils étaient remplis de ce sentiment vague qui n'est ni le sommeil, ni la torpeur, ni l'étonnement, mais qui tient de tout cela; qui n'est ni le crépuscule ni l'aurore, mais qui donne soif de la lumière. Tous pensaient.

— Je commence à croire qu'elle est un esprit caché sous une forme humaine, dit M. Becker.

Wilfrid, revenu chez lui calme et convaincu, ne savait comment lutter avec des forces aussi divinement majestueuses.

Minna se disait : — Pourquoi ne veut-il pas que je l'aime.

LES ADIEUX.

Il est en l'homme un phénomène désespérant pour les esprits méditatifs qui veulent trouver un sens à la marche des sociétés et donner des lois de progression au mouvement de l'intelligence. Quelque grave que soit un fait; et s'il pouvait exister des faits surnaturels, quelque grandiose que serait un miracle opéré publiquement; l'éclair de ce fait, la foudre de ce miracle s'abîmerait dans l'océan moral dont la surface onduleuse serait troublée par un bouillonnement aussitôt effacé.

Pour mieux se faire entendre, la Voix passe-t-elle par la gueule de l'Animal? La Main écrit-elle des caractères aux frises de la salle où se goberge la Cour? L'OEil éclaire-t-il le sommeil du roi? le Prophète vient-il expliquer le songe? le Mort évoqué se dresse-t-il dans les régions lumineuses où revivent les facultés? l'Esprit écrase-t-il la Matière au pied de l'échelle mystique des Sept Mondes Spirituels arrêtés les uns sur les autres dans l'espace, et se révélant par des ondes brillantes qui tombaient en cascades sur les marches du Parvis céleste? Quelque profonde que soit la Révélation intérieure, quelque visible que soit la Révélation extérieure; le lendemain Balaam doute de son ânesse et de lui ; Balthazar et Pharaon font commenter la Parole par deux Voyans, Moïse et

Daniel. L'Esprit vient, emporte l'homme au-dessus de la terre, lui soulève les mers, lui en fait voir le fonds, lui montre les espèces disparues, lui ranime les os desséchés qui meublent de leur poudre la grande vallée ; l'Apôtre écrit l'Apocalypse ! Vingt siècles après la science humaine approuve l'apôtre, et traduit ses images en axiomes. Qu'importe ! la masse continue à vivre comme elle vivait hier, comme elle vivait à la première olympiade, comme elle vivait le lendemain de la création, ou la veille de la grande catastrophe. Le Doute couvre tout de ses vagues. Les mêmes flots battent par le même mouvement le granit humain qui sert de bornes à l'océan de l'intelligence. Après s'être demandé s'il a vu ce qu'il a vu, s'il a bien entendu les paroles dites, si le fait était un fait, si l'idée était une idée ; l'homme reprend son allure, il pense à ses affaires, il obéit à je ne sais quel valet qui avait la Mort. À l'Oubli qui de son manteau noir couvre une ancienne humanité dont la nouvelle n'a nul souvenir. L'Homme ne cesse d'aller, de marcher, de pousser végétativement jusqu'au jour où la Cognée l'abat. Si cette puissance de flot, si cette haute pression des eaux amères empêche tout progrès, elle prévient sans doute aussi la mort. Les Esprits préparés pour la foi parmi les êtres supérieurs, aperçoivent seuls l'échelle mystique de Jacob.

Après avoir entendu la réponse où Séraphîta si sérieusement interrogée avait déroulé l'Etendue divine, comme un orgue touché, remplit une Eglise de son mugissement et révèle l'univers musical en baignant de ses sons graves les voûtes les plus inaccessibles, en se jouant comme la lumière dans les plus légères fleurs des chapiteaux; Wilfrid rentra chez lui tout épouvanté d'avoir vu le monde en ruines, et sur ces ruines des clar-

tés inconnues, épanchées à flots par les mains
de cette terrible jeune fille. Le lendemain,
il y pensait encore ; mais l'épouvante était
calmée, il ne se sentait ni détruit, ni
changé ; ses passions, ses idées se réveillè-
rent fraîches, et vigoureuses. Il alla dé-
jeuner chez M. Becker, et le trouva sérieusement plongé dans le *Traité des Incantations*, qu'il avait feuilleté depuis le matin
pour rassurer son hôte. Avec l'enfantine
bonne foi du savant, le pasteur avait fait
des plis aux pages où Jean Wier rapportait
des preuves authentiques qui prouvaient la
possibilité des événemens arrivés la veille ;
car, pour les docteurs, une idée est un
événement. A la cinquième tasse de thé que
prirent ces deux philosophes, la mystérieuse
soirée devint naturelle ; les vérités célestes
furent des raisonnemens plus ou moins forts
et susceptibles d'examen ; Séraphîta leur
parut être une fille plus ou moins éloquente ;

il fallait faire la part à son organe enchanteur, à sa beauté séduisante, à son geste fascinateur, à tous ces moyens oratoires par l'emploi desquels un acteur met dans une phrase un monde de sentimens et de pensées, tandis qu'en réalité, souvent la phrase est vulgaire.

— Bah ! dit le bon ministre en faisant une petite grimace philosophique, pendant qu'il étalait une couche de beurre salé sur sa tartine, le dernier mot de ces belles énigmes est à six pieds sous terre.

— Néanmoins, dit Wilfrid, en sucrant son thé, je ne conçois pas comment une jeune fille de seize ans peut savoir tant de choses, car sa parole a tout pressé comme dans un étau.

— Mais, dit le pasteur, lisez donc l'histoire de cette jeune Italienne qui, dès l'âge de douze ans, parlait quarante-deux langues, tant anciennes que modernes ; et l'histoire de ce moine qui, par l'odorat devinait la pensée. Il y a dans Jean Wier, et dans une douzaine de traités que je vous donnerai à lire, mille preuves pour une....

— D'accord, cher pasteur, mais pour moi Séraphîta doit être une femme divine à posséder.

— Elle est tout intelligence, répondit dubitativement M. Becker.

Quelques jours se passèrent pendant lesquels la neige des vallées fondit insensiblement, le vert des forêts pointa comme l'herbe nouvelle, la nature norwégienne fit les apprêts de sa parure, pour ses noces d'un jour. Pendant ces momens où l'air adouci permettait de sortir, Séraphîta demeura dans la solitude. La passion de Wilfrid s'accrut ainsi par l'irritation que cause la présence d'une femme aimée qui ne se montre pas. Quand cet être monstrueusement divin reçut Minna, Minna reconnut en lui les ravages d'un feu intérieur, sa voix était devenue profonde, son teint commençait à blondir ; et si jusque-là les poètes en eussent comparé la blancheur à celle des diamans, elle avait alors l'éclat des topazes.

— Vous l'avez vue, dit Wilfrid qui rodait autour du château suédois, et qui attendait le retour de Minna.

— Nous allons le perdre, répondit la jeune fille dont les yeux se remplirent de larmes.

— Mademoiselle, s'écria l'étranger en réprimant le volume de voix qu'excite la colère, ne vous jouez pas de moi, vous ne pouvez aimer Séraphîta que comme une jeune fille en aime une autre, et non de l'amour qu'elle m'inspire. Vous ignorez quel serait votre danger, si ma jalousie était justement alarmée. Pourquoi ne puis-je aller près d'elle ? Est-ce vous qui me créez des obstacles.

— J'ignore, répondit Minna calme en apparence, mais en proie à une profonde terreur, de quel droit vous sondez ainsi mon cœur? Oui, je l'aime, dit-elle en retrouvant la hardiesse des convictions pour confesser la religion de son cœur. Mais ma jalousie, si naturelle à l'amour, ne redoute ici personne. Hélas, je suis jalouse d'un sentiment caché qui l'absorbe; il est entre lui et moi des espaces que je ne saurais franchir; je voudrais savoir qui des étoiles ou de moi, l'aime mieux, qui de nous se dévouerait plus promptement à son bonheur? Pourquoi ne serais-je pas libre de déclarer mon affection. En présence de la mort, nous pouvons avouer nos préférences, et.... Monsieur, Séraphîtüs va mourir.

— Minna, vous vous trompez, la sirène que j'ai souvent si baignée de mes désirs, et qui se laissait admirer, coquettement étendue sur son divan gracieuse, faible et dolente, n'est pas un jeune homme.

— Monsieur, répondit Minna troublée, celui dont la main puissante m'a guidée sur le Falberg, à ce sœler abrité par le Bonnet de Glace; là, dit-elle en montrant le haut du pic, n'est pas non plus une faible jeune fille. Ah! si vous l'aviez entendu prophétisant, sa poésie était la musique de la pensée. Une jeune fille n'eût pas déployé les sons graves de la voix qui me remuait l'ame.

— Mais quelle certitude avez-vous,.... dit Wilfrid.

— Aucune autre que celle du cœur, répondit Minna confuse, en se hâtant d'interrompre l'étranger.

— Eh bien! moi, s'écria Wilfrid, en jetant sur Minna l'effrayant regard du désir et de la volupté qui tuent, moi qui sais aussi combien est puissant son empire sur moi, je vous prouverai votre erreur.

En ce moment où les mots se pressaient sur la langue de Wilfrid, aussi vivement que les idées abondaient dans sa tête, il vit Séraphîta sortant du château suédois, suivie de David; et cette apparition calma son effervescence.

— Voyez, dit-il, une femme peut-elle avoir cette grâce et cette mollesse?

— Il souffre, et se promène pour la dernière fois, dit Minna.

David s'en alla sur un signe de sa maîtresse, au-devant de laquelle vinrent Wilfrid et Minna.

— Allons jusqu'aux chutes de la Sieg, leur dit cet être, en manifestant un de ces désirs de malade auxquels on s'empresse d'obéir.

Un léger brouillard blanc couvrait alors les vallées et les montagnes du Fiord dont les sommets, étincelans comme des étoiles, le perçaient en lui donnant l'apparence de voies lactées en marche. Le soleil se voyait à travers cette fumée terrestre comme un globe de fer rouge. Malgré ces derniers jeux de l'hiver, quelques bouffées d'air tiède chargées des senteurs du bouleau déjà paré de ses blondes efflorescences comme une jeune fille délicate, et pleines des voluptueux parfums exhalés par les mélèzes dont les houppes de soie étaient renouvelées, ces brises échauffées par l'encens et les soupirs de la terre attestaient le beau printemps du nord, rapide joie de la plus mélancolique des natures. Le vent commençait à enlever ce voile de nuages qui dérobait imparfaitement la vue du golfe, les oiseaux chantaient, l'écorce des arbres encore humides où le soleil n'avait pas séché la route des frimas qui en étaient découlés en ruisseaux murmurans, égayait la vue par leurs fantastiques apparences.

Tous trois cheminaient en silence le long de la grève. Wilfrid et Minna contemplaient seuls ce spectacle magique pour eux qui avaient subi le tableau monotone de ce paysage en hiver. Leur compagnon marchait pensif, comme s'il cherchait à distinguer une voix dans ce concert.

Ils arrivèrent au bord des rochers entre lesquels s'échappait la Sieg, au bout de la longue avenue bordée de vieux sapins que le cours du torrent avait onduleusement tracée dans la forêt, sentier couvert en arceaux nerveux comme une nef de cathédrale. De là le Fiord se découvrait tout entier, et la mer étincelait à l'horizon comme une lame d'acier. En ce moment, le brouillard dissipé laissa voir le ciel bleu. Partout dans les vallées, dans les arbres, il ne restait plus que des parcelles étincelantes qui voltigeaient, poussière de diamans balayés par une brise fraîche, magnifiques chatons de gouttes suspendues au bout des rameaux en pyramide. Le torrent roulait au-dessus d'eux. En s'échappant, sa nappe dégageait une vapeur teinte de toutes les nuances de la lumière par le soleil dont les rayons s'y décomposaient, en dessinant des écharpes aux sept couleurs, en faisant jaillir ses feux dans mille prismes dont les reflets se contrariaient. Ce quai sauvage était tapissé par plusieurs espèces de lichen, belle étoffe moirée par l'humidité, comme une magnifique tenture de soie. Des bruyères déjà fleuries couronnaient les rochers de leurs guirlandes habilement mélangées ; tous les feuillages mobiles attirés par la fraîcheur des eaux laissaient pendre au dessus leurs chevelures ; les mélèzes agitaient leurs dentelles en caressant les pins, immobiles comme des vieillards soucieux. Cette luxuriante parure avait un contraste dans la gravité des vieilles colonnades que décrivaient les forêts étagées sur les montagnes, dans la grande nappe du Fiord étalée aux pieds des trois spectateurs, et où le torrent noyait sa fureur ; puis, dans le lointain, la mer encadrait cette page écrite par le plus grand des poètes, le hazard, ce pêle-mêle de la création en apparence abandonnée à elle-même. Jarvis était un point perdu dans cette immensité, sublime comme tout ce qui n'ayant qu'une vie éphémère, offre une rapide image de la perfection ; car, par une loi, fatale à nos yeux seulement, les créations en apparence achevées, cet amour de nos cœurs et de nos regards n'a qu'un printemps ici. En haut de ce rocher, certes ces trois êtres pouvaient se croire seuls dans le monde.

— Quelle volupté ! s'écria Wilfrid.

— La nature a ses hymnes, dit Séraphîta. Cette musique n'est-elle pas délicieuse ? Avouez-le Wilfrid ? aucune des femmes que vous avez connues n'a pu se créer une aussi magnifique retraite ? Ici j'éprouve un sentiment rarement inspiré par le spectacle des villes, et qui me porterait à demeurer couchée au milieu de ces herbes si rapidement venues. Là, les yeux au ciel, le cœur ouvert, perdue au sein de l'immensité, je me laisserais aller à entendre le soupir de la fleur qui, à peine dégagée de sa primitive nature, voudrait courir; et les cris de l'eider impatient de n'avoir encore que des ailes; en me rappelant les désirs de l'homme qui tient de tous et qui lui aussi désire! Mais ceci, Wilfrid, est de la poésie de femme! Vous apercevez une voluptueuse pensée dans cette fumeuse étendue liquide, dans ces voiles brodés où la nature se joue comme une fiancée coquette, et dans cette atmosphère où elle parfume pour ses hyménées sa chevelure verdâtre. Vous voudriez voir la forme d'une naïade dans ces draps de vapeurs? Et, selon vous, je devrais écouter la voix mâle du Torrent.

— L'amour n'est-il pas là, comme une abeille dans le calice d'une fleur? répondit

Wilfrid qui, pour la première fois, apercevant en elle les traces d'un sentiment terrestre, crut le moment favorable à l'expression de sa bouillante tendresse.

— Toujours donc ? répondit en riant Séraphîta que Minna avait laissée seule.

L'enfant gravissait un rocher où elle avait aperçu des saxifages bleues.

— Toujours, répéta Wilfrid. Ecoutez-moi, dit-il en lui jetant un regard dominateur qui rencontra comme une armure de diamant, vous ignorez ce que je suis, ce que je peux et ce que je veux. Ne rejetez pas ma dernière prière ! Soyez à moi pour le bonheur du monde que vous portez en votre cœur ; soyez à moi pour que j'aie une conscience pure, pour qu'une voix céleste résonne à mon oreille en m'inspirant le bien dans la grande entreprise que j'ai résolue, conseillé par ma haine contre les nations ; mais que j'accomplirais alors pour leur bien-être, si vous m'accompagnez ! Quelle plus belle mission donneriez-vous à l'amour ? quel plus beau rôle une femme peut-elle rêver? Je suis venu dans ces contrées, en méditant un grand dessein.

—Et vous en sacrifirez, dit-elle, les grandeurs à quelque jeune fille bien simple que vous aimerez, et qui vous mènera dans une voie tranquille.

—Que m'importe? répondit-il en reprenant son discours, je ne veux que vous! Sachez mon secret. J'ai parcouru tout le Nord, ce grand atelier où se forgent les races nouvelles qui se répandent sur la terre comme des nappes humaines chargées de rafraîchir les civilisations vieillies. Je voulais commencer sur un de ces points, y conquérir l'empire que donne la force et l'intelligence sur une peuplade, la former aux combats, entamer la guerre, la répandre comme un incendie, dévorer l'Europe en criant liberté à ceux-ci, pillage à ceux-là; gloire à l'un, plaisir à l'autre ; mais en demeurant, moi, comme la figure du Destin, implacable et cruel, en marchant comme l'orage qui s'assimile dans l'atmosphère toutes les particules dont se compose la foudre, en me repaissant d'hommes comme un fléau vorace. Ainsi j'aurais conquis l'Europe, elle se trouve à une époque où elle attend ce messie nouveau qui doit ravager le monde et refaire les sociétés. Elle ne croira plus qu'à celui qui la broiera sous ses pieds. Un jour les poètes, les historiens auraient justifié ma vie, m'auraient grandi, m'auraient prêté des idées, à moi pour qui cette immense plaisanterie, écrite avec du sang, n'est qu'une vengeance. Mais, chère Séraphîta, mes observations m'ont dégoûté du Nord, la force y est trop aveugle. J'ai soif des Indes! un duel entre un gouvernement égoïste, lâche, mercantile et moi, me séduit davantage. Puis l'imagination des peuples assis aux pieds du Caucase est facile à émouvoir. Donc je suis tenté de traverser les steppes russes, d'arriver au bord de l'Asie, et de la traverser triomphant en m'avançant avec mon inondation humaine jusqu'au Gange, où je renverserai la puissance anglaise. Sept hommes ont déjà réalisé ce plan à diverses époques. Je renouvellerai l'art comme l'ont fait les Sarrasins lancés par Mahomet sur l'Europe! Je ne serai pas un roi mesquin comme ceux qui gouvernent aujourd'hui les anciennes provinces de l'Empire romain et se disputent avec leurs sujets, à propos d'un droit de douane. Non rien n'arrêtera ni la foudre de de mes regards, ni la tempête de mes paroles! Mes pieds couvriront un tiers du globe, comme ceux de Gengis-Kan. Ma main saisira l'Asie, comme l'a déjà prise celle d'Aureng-Zeb. Soyez ma compagne, asseyez-vous, belle et blanche figure sur un trône? Je n'ai jamais douté du succès, mais soyez dans mon cœur, j'en serai sûr !

— J'ai déjà régné ! dit Séraphîta.

Ce mot fut comme un coup de hache donné par un habile bûcheron dans le pied d'un jeune arbre qui tombe aussitôt. Les hommes seuls peuvent savoir ce qu'une femme excite de rage en l'ame d'un amant, quand, voulant démontrer à sa maîtresse sa force ou son pouvoir, son intelligence ou sa supériorité, la capricieuse penche la tête, et dit : «Ce n'est rien ! quand blasée, elle sourit, et dit : « Je sais cela ! » quand pour elle, la force est une petitesse.

— Comment, cria Wilfrid au désespoir, les richesses des arts, les richesses des mondes, les splendeurs d'une cour.....

Elle l'arrêta par une seule inflexion de ses lèvres, et dit : — Des êtres plus puissans que vous ne l'êtes, m'ont offert davantage.

— Eh bien, tu n'as donc pas d'ame, si tu n'es pas séduite par la perspective de consoler un grand homme qui te sacrifiera tout pour vivre avec toi dans une petite maison au bord d'un lac.

— Mais, dit-elle, je suis aimée d'un amour sans bornes.

— Par qui? s'écria Wilfrid en s'avançant par un mouvement de frénésie vers Séraphîta pour la précipiter dans les cascades écumeuses de la Sieg.

Elle le regarda, son bras se détendit, elle lui montrait Minna qui accourait blanche et rose, jolie comme les fleurs qu'elle tenait à la main.

— Enfant! dit Séraphîtüs en allant à sa rencontre.

Wilfrid demeura sur le haut du rocher, immobile comme une statue, perdu dans ses pensées, voulant se laisser aller au cours de la Sieg comme un des arbres tombés qui passaient sous ses yeux, et disparaissaient au sein du golfe.

— Je les ai cueillies pour vous, dit Minna qui présenta son bouquet à l'être adoré. L'une d'elles, celle-ci, dit-elle en lui présentant une fleur, est semblable à celle que nous avons trouvée sur le Falberg.

Séraphîtüs regarda tour à tour la fleur et Minna.

— Pourquoi me fais-tu cette question, doutes-tu de moi ?

— Non, dit la jeune fille, ma confiance en vous est infinie. De même que pour moi vous êtes plus beau que cette belle nature ; de même vous me paraissez plus intelligent que ne l'est l'humanité tout entière. Quand je vous ai vu, je crois avoir prié Dieu ; je voudrais...

— Quoi ? dit Séraphîtüs en lui lançant un regard par lequel il révélait à la jeune fille l'immense étendue qui les séparait.

— Je voudrais souffrir à votre place.....

— Voici la plus dangereuse des créatures,

se dit Séraphîtüs en se croisant les bras comme un capitaine obligé de prendre une décision au fort d'une bataille ; est-ce donc une pensée criminelle que de vouloir te la présenter, ô mon Dieu !

— Ne te souviens-tu plus de ce que je t'ai dit là-haut ? reprit-il en s'adressant à la jeune fille et lui montrant la cime du Bonnet de Glaces.

— Le voilà redevenu terrible, se dit Minna frémissant de crainte.

La voix de la Sieg accompagna les pensées de ces trois êtres qui demeurèrent pendant quelques momens réunis sur une plateforme de rochers en saillie, mais séparés par des abîmes.

— Hé bien, Séraphîtüs, enseignez-moi ! dit Minna d'une voix argentée comme une perle, et douce comme un mouvement de sensitive est doux, apprenez-moi ce que je dois aire pour ne pas vous aimer ? Qui ne vous admirerait pas? l'amour est une admiration qui ne se lasse pas.

— Pauvre enfant! dit Séraphîtüs en pâlissant, on ne peut aimer ainsi qu'un seul être.

— Qui... demanda Minna.

— Tu le sauras, répondit-il avec la voix faible d'un homme qui se couche pour mourir.

— Au secours, il se meurt! s'écria Minna.

Wilfrid accourut, et voyant cet être gracieusement posé dans un fragment de gneiss sur lequel le temps avait jeté son manteau de velours, ses lichens lustrés, ses mousses fauves que le soleil satinait, il dit: — Elle est bien belle!

— Voici le dernier regard que je pourrai jeter sur cette nature en travail! dit-elle en rassemblant ses forces pour se lever.

Elle s'avança sur le bord du rocher, d'où elle pouvait embrasser, fleuris, verdoyans, animés, les spectacles de ce grand et sublime paysage, enseveli naguère sous une tunique de neige.

« Adieu, dit-elle, foyer brûlant d'amour où tout marche avec ardeur du centre aux extrémités, et dont les extrémités se rassemblent comme une chevelure de femme, pour tresser la natte inconnue par laquelle tu te rattaches dans l'éther indiscernable, à la pensée divine !

Voyez-vous Celui qui, courbé sur un sillon arrosé de sa sueur, se relève un moment pour interroger le ciel ; Celle qui recueille les erfans pour les nourrir de son lait ; Celui qui noue les cordages au fort de la tempête ; Celle qui reste assise au creux d'un rocher attendant le père ; voyez-vous tous Ceux qui tendent la main après une vie consommée en d'ingrats travaux?.. A tous paix et courage, à tous adieu !

Entendez-vous le cri du soldat mourant inconnu, la clameur de l'homme trompé qui pleure dans le désert? à tous paix et courage, à tous adieu. Adieu, vous qui mourez pour les rois de la terre. Mais adieu aussi, peuples sans patrie, adieu terres sans peuples, qui vous souhaitez les uns les autres. Adieu, surtout à Toi, qui ne sais où reposer ta tête, proscrit sublime. Adieu, chères innocentes traînées par les cheveux pour avoir trop aimé! Adieu, mères assises auprès de vos fils mourans! Adieu saintes femmes blessées! Adieu Pauvres! adieu Petits, Faibles et Souffrans, vous dont j'ai si souvent épousé les douleurs. Adieu, vous tous qui gravitez dans la sphère de l'Instinct en y souffrant pour autrui.

Adieu navigateurs qui cherchez l'Orient à travers les ténèbres épaisses de vos abstractions atlantiques. Adieu, martyrs de la pensée menés par elle à la vraie lumière!

Adieu sphères studieuses où j'entends la plainte du génie insulté, le soupir du savant éclairé trop tard.

Voici le concert angélique, la brise de parfums, l'encens du cœur exhalé par ceux qui vont priant, consolant, répandant la lumière divine et le baume céleste dans les ames tristes, courage chœur d'amour! Vous à qui les peuples crient: — «Consolez-nous, défendez-nous? » courage et adieu !

Adieu granit, tu deviendras fleur; adieu fleur, tu deviendras colombe; adieu colombe, tu seras femme; adieu femme, tu seras souffrance; adieu homme, tu seras croyance; adieu vous qui serez tout amour et prière! »

Abattu par la fatigue, cet être inexpliqué s'appuya pour la première fois sur Wilfrid et sur Minna pour revenir à son logis. Wilfrid et Minna se sentirent atteints par une contagion inconnue.

A peine avaient-ils fait quelques pas, David se montra pleurant : — Elle va mourir, pourquoi l'avez-vous amené jusqu'ici ? s'écria-t-il de loin.

Séraphîta fut emportée par le vieillard qui retrouva les forces de la jeunesse, et vola, comme un aigle emportant quelque blanche brebis dans son aire, jusqu'à la porte du château Suédois.

LE CHEMIN POUR ALLER A DIEU.

Le lendemain du jour où Séraphîta pressentit sa fin et fit ses adieux à la Terre, comme un prisonnier regarde son cachot avant de le quitter à jamais, elle ressentit des douleurs qui l'obligèrent à demeurer dans la complète immobilité de ceux qui souffrent d'extrêmes douleurs. Wilfrid et Minna vinrent la voir, et la trouvèrent couchée sur son divan de pelleterie. Encore voilée par la chair, son ame rayonnait à travers son voile en le blanchissant de jour en jour. Les progrès de l'Esprit qui minait la dernière barrière par laquelle il était séparé de l'infini, s'appelaient une maladie ; l'heure de la Vie était nommée la Mort. David pleurait en voyant souffrir sa maîtresse sans vouloir écouter ses consolations, le vieillard était déraisonnable comme un enfant. M. Becker voulait que Séraphîta se soignât, mais tout était inutile.

Un jour elle demanda les deux êtres qu'elle avait affectionnés, en leur disant que ce jour était le dernier de ses mauvais jours. Wilfrid et Minna vinrent saisis de terreur, ils savaient qu'ils allaient la perdre. Séraphîta leur sourit à la manière de ceux qui s'en vont en un monde meilleur, elle inclina la tête comme une fleur chargée de rosée qui montre une dernière fois son calice et livre aux airs ses derniers parfums ; elle les regardait avec une mélancolie dont ils étaient la cause, elle ne pensait plus à elle, mais à eux; et ils le sentaient sans pouvoir exprimer une douleur à laquelle se mêlait la gratitude. Wilfrid resta debout, silencieux, immobile, perdu dans une de ces contemplations excitées par les choses dont l'étendue nous fait comprendre ici-bas une immensité suprême. Enhardi par la faiblesse de cet être si puissant, ou peut-être par la crainte de le perdre à jamais, Minna se pencha sur lui pour lui dire : — Séraphîtüs, laisse-moi te suivre.

— Puis-je te le défendre?

— Mais pourquoi ne m'aimes-tu pas assez pour rester?

— Je ne saurais rien aimer ici.

— Qu'aimes-tu donc?

— Le ciel.

— Es-tu digne du ciel, en méprisant ainsi les créatures de Dieu?

— Minna, pouvons-nous aimer deux

êtres à la fois? Un bien-aimé serait-il le bien-aimé s'il ne remplissait pas le cœur? Ne doit-il pas être le premier, le dernier, le seul? Celle qui est tout amour, ne quitte-t-elle pas le monde pour son bien-aimé? Sa famille entière devient un souvenir, elle n'a plus qu'un parent, Lui! son ame n'est plus à elle, mais à Lui! si elle garde en elle-même quelque chose qui ne soit pas à Lui, elle n'aime pas; non, elle n'aime pas! Aimer faiblement, est-ce aimer? La parole du bien-aimé la fait tout joie et se coule dans ses veines comme une pourpre plus rouge que n'est le sang; son regard est une lumière qui la pénètre, elle se fond en Lui; là où Il est, tout est beau; Il est chaud à l'ame, Il éclaire tout; près de Lui, fait-il jamais froid ou nuit? Il n'est jamais absent, il est toujours en nous, nous pensons en Lui, à Lui, pour Lui. Voilà, Minna, comment je l'aime.

— Qui? dit Minna saisie par une jalousie dévorante.

— Dieu! répondit Séraphîtüs, dont la voix brilla dans les ames comme un feu de liberté qui s'allume de montagne en montagne, Dieu qui ne nous trahit jamais! Dieu qui ne nous abandonne pas et comble incessamment nos désirs, qui seul peut constamment abreuver sa créature d'une joie infinie et sans mélange! Dieu qui ne se lasse jamais et n'a que des sourires! Dieu qui toujours nouveau, jette dans l'ame ses trésors, qui purifie et n'a rien d'amer, qui est tout harmonie et tout flamme! Dieu qui se met en nous pour y fleurir, exauce tous nos vœux; ne compte plus avec nous, quand nous sommes à lui, mais se donne tout entier; nous ravit, nous amplifie, nous multiplie en lui! enfin, *Dieu*, Dieu! DIEU! Minna, je t'aime, parce que tu peux être à lui! Je t'aime, parce que si tu viens à lui, tu seras à moi.

— Hé bien! conduis-moi donc? dit-elle en s'agenouillant. Prends-moi par la main; je ne veux plus te quitter.

— Conduisez-nous, Séraphîta? s'écria Wilfrid qui vint se joindre à Minna par un mouvement impétueux. Oui, tu m'as enfin donné soif de la Lumière et soif de la Parole; je suis altéré de l'amour que tu m'as mis au cœur, je conserverai ton ame en la mienne; jettes-y ton vouloir, je ferai ce que tu me diras de faire. Si je ne puis t'obtenir, je veux garder de toi tous les sentimens que tu me communiqueras; si je ne puis m'unir à toi que par ma seule force, je m'y attacherai comme le feu s'attache à ce qu'il dévore. Parle?

— Ange! s'écria cet être incompréhensible en les enveloppant tous deux par un regard qui fut comme un manteau d'azur, Ange, le ciel sera ton héritage!

Il se fit entre eux un grand silence après

cette exclamation qui détonna dans les ames de Wilfrid et de Minna comme le premier accord de quelque musique céleste.

— Si vous voulez habituer vos pieds à marcher dans le chemin qui mène à Dieu, sachez bien que les commencemens en sont rudes, dit cette ame endolorie. Dieu veut être cherché pour lui-même ; en ce sens, il est jaloux, il vous veut tout entier ; mais quand vous vous êtes donné à lui, jamais il ne vous abandonne. Je vais vous laisser les clés du royaume où brille sa lumière, où vous serez partout dans le sein du Père, dans le cœur de l'Epoux. Aucune sentinelle n'en défend les approches, vous pouvez y entrer de tous côtés ; son palais, ses trésors, son sceptre, rien n'est gardé ; il a dit à tous : Prenez-les ! Mais il faut vouloir y aller. Comme pour faire un voyage, il est nécessaire de quitter sa demeure, de renoncer à ses projets, de dire adieu à ses amis, à son père, à sa mère, à sa sœur, et même au plus petit des frères qui crie, et leur dire des adieux éternels, car vous ne reviendrez pas plus que les martyrs en marche vers le bûcher ne retournaient au logis ; enfin, il faut vous dépouiller des sentimens et des choses auxquelles tiennent les hommes, sans quoi vous ne seriez pas tout entier à votre entreprise. Faites pour Dieu ce que vous faisiez pour vos desseins ambitieux, ce que vous faites en vous vouant à un art, ce que vous avez fait quand vous aimiez une créature plus que lui, ou quand vous poursuiviez un secret de la science humaine. Dieu n'est-il pas la science même, l'amour même, la source de toute poésie ; son trésor ne peut-il exciter la cupidité ? Son trésor est inépuisable, sa poésie est infinie, son amour est immuable, sa science est infaillible et sans mystères ! Ne tenez donc à rien, il vous donnera tout. Oui, vous retrouverez dans son cœur des biens incomparables à ceux que vous aurez perdus sur la terre. Ce que je vous dis est certain ; vous aurez sa puissance, vous en userez comme vous usez de ce qui est à votre amant ou à votre maîtresse ! Hélas ! la plupart des hommes doutent, manquent de foi, de volonté, de persévérance. Si quelques uns se mettent en route, ils viennent aussitôt à regarder derrière eux, et reviennent; peu de créatures savent choisir entre ces deux extrêmes : ou rester ou partir, ou la fange ou le ciel. Chacun hésite, la faiblesse commence l'égarement, la passion vous entraîne dans la mauvaise voie, le vice, qui est une habitude, vous y embourbe ; et vous ne faites aucun progrès vers les états meilleurs. Tous les êtres passent une première vie dans la sphère des Instincts, où ils travaillent à reconnaître l'inutilité des trésors terrestres après s'être donné mille peines pour les amasser. Combien de fois vit-on dans ce premier monde avant d'en sortir préparé pour recommencer d'autres épreuves dans la sphère des Abstractions où la pensée s'exerce en de fausses sciences, où l'esprit se lasse enfin de la parole humaine. Car, la Matière épuisée, vient l'Esprit. Combien de formes l'être promis au ciel a-t-il usé, avant d'en venir à comprendre le prix du silence et de la solitude qui sont les parvis des Mondes Spirituels? Après avoir expérimenté le vide et le néant, les yeux se tournent vers le bon chemin. Ce sont alors d'autres existences à user pour arriver au sentier où brille la lumière, la mort est comme le relais du voyage; les expériences se font alors en sens inverse : il faut souvent toute une vie pour acquérir les vertus qui sont l'opposé des erreurs dans lesquelles on a précédemment vécu. Ainsi vient d'abord la vie où l'on souffre et dont les pâtimens, dont les angoisses donnent soif de l'amour. Ensuite la vie où l'on aime et où le dévouement pour la créature apprend le dévouement pour le créateur, où les vertus de l'amour, ses mille martyres, son angélique espoir, ses joies suivies de douleurs, sa patience, sa résignation, excitent l'appétit des choses divines. Après, vient la vie où l'on cherche dans le silence les traces de la Parole, où l'on devient humble et charitable. Puis la vie où l'on désire. Enfin, la vie où l'on prie : là, est l'éternel midi ; là, sont les fleurs ; là, est la moisson ! Les qualités acquises et qui se développent lentement en nous, sont les liens invisibles qui rattachent chacun de nos existers l'un à l'autre, et dont l'ame seule a conscience, car la matière ne peut se ressouvenir d'aucune des choses spirituelles, la pensée seule a la tradition de l'antérieur. Ce legs perpétuel du passé au présent et du présent à l'avenir, est le secret des génies humains : les uns ont le don des Formes, les autres ont le don des Nombres, ceux-ci le don des Harmonies. Ce sont des progrès dans le chemin de la lumière. Oui, qui possède un de ces dons touche par un point à l'infini. La parole, dont je vous révèle ici quelques mots, la terre se l'est partagée, l'a réduite en poussière et l'a semée dans ses œuvres, dans ses doctrines, dans ses poésies. Si quelque grain impalpable en reluit sur un ouvrage, vous dites : « Ceci est grand, ceci est vrai, ceci est sublime ! » Ce peu de chose vibre en vous et y attaque le pressentiment du ciel. Aux uns la maladie qui nous sépare du monde, aux autres la solitude qui nous rapproche de Dieu, à celui-ci la poésie ; enfin tout ce qui vous replie sur vous-même, vous frappe ou vous écrase, vous élève ou vous abaisse, est un retentissement du Monde Divin. Quand un être a tracé droit son premier sillon, il lui suffit pour assurer les autres ; une seule pensée creusée, une voix entendue, une souffrance vive, un seul écho que rencontre en vous la Parole, change à jamais votre ame. Tout aboutit à Dieu, il est donc bien des chances pour le trouver en allant droit devant soi.

Quand arrive le jour heureux où vous mettez le pied dans le chemin et que commence votre pèlerinage, la terre n'en sait rien, elle ne vous comprend plus, vous ne vous entendez plus, elle et vous. Les hommes qui arrivent à la connaissance de ces choses, et qui disent quelques mots de la Parole vraie ; ceux-là ne trouvent nulle part à reposer leur tête, ceux-là sont poursuivis comme bêtes fauves et périssent souvent sur des échafauds à la grande joie des peuples assemblés, tandis que les anges leur ouvrent les portes du ciel. Votre marche sera donc un secret entre vous et Dieu, comme l'amour est un secret entre deux cœurs. Vous serez le trésor enfoui sur lequel passent les hommes affamés d'or, sans savoir que vous êtes là. Votre existence devient alors incessamment active, chacun de vos actes a un sens qui se rapporte à Dieu, comme dans l'amour vos actions et vos pensées sont pleines de la créature aimée; mais l'amour et ses joies, l'amour et ses plaisirs bornés par les sens, est une imparfaite image de l'amour infini qui vous unit au céleste fiancé. Toute joie terrestre est suivie d'angoisses, de mécontentemens; pour que l'amour soit sans dégoût, il faut que la mort le termine au plus fort de sa flamme, alors vous n'en connaissez pas les cendres; mais ici Dieu transforme notre misère en délices, alors la joie se multiplie par elle-même, elle va croissant et n'a pas de limites. Ainsi, dans la vie Terrestre, l'amour passager se termine par des tribulations constantes; tandis que dans la vie Spirituelle, les tribulations d'un jour se terminent par des joies infinies. Votre ame est incessamment joyeuse, vous sentez Dieu près de vous, en vous; il donne à toutes choses une saveur sainte, il rayonne dans votre ame, il vous empreint de sa douceur, il vous désintéresse de la terre pour vous-même, et vous y intéresse pour lui-même en vous laissant exercer son pouvoir, vous faites en son nom les œuvres qu'il inspire : vous séchez les larmes, vous agissez pour lui, vous n'avez plus rien en propre, vous aimez comme lui les créatures d'un inextinguible amour, vous les voudriez toutes en marche vers lui, comme une véritable amante voudrait voir tous les peuples du monde obéir à son bien aimé.

La dernière vie, celle en qui se résument les autres, où se tendent toutes les forces et dont les mérites doivent ouvrir la Porte-Sainte à l'être parfait, est la vie de la Prière. Qui vous fera comprendre la grandeur, les majestés, les forces de la Prière? Que ma voix tonne dans vos cœurs et qu'elle les change. Soyez tout à coup ce que vous seriez après les épreuves ! Il est des créatures privilégiées, les Prophètes, les Voyans, les Messagers, les Martyrs, tous ceux qui souffrirent pour la Parole ou qui l'ont proclamée ; ces ames franchissent d'un bond les sphères humaines et s'élèvent tout à coup à la Prière. Ainsi de ceux qui sont dévorés par le feu de la Foi. Soyez un de ces couples hardis? Dieu souffre la témérité, il aime à être pris avec violence, il ne rejette jamais celui qui peut aller jusqu'à lui. Sachez-le ! le désir, cette effluve de votre volonté, est si puissant chez l'homme, qu'un seul jet émis avec force peut tout faire obtenir, un seul cri suffit souvent sous la pression de la Foi. Soyez un de ces êtres pleins de force, de vouloir et d'amour! Soyez victorieux de la terre? Que la soif et la faim de

Dieu vous saisissent! Courez à Lui comme le cerf altéré court à la fontaine, le désir vous armera de ses ailes; les larmes, ces fleurs du repentir seront comme un baptême céleste d'où sortira votre nature purifiée. Elancez-vous du sein de ces ondes dans la Prière.

Le silence et la méditation sont les moyens efficaces pour aller dans cette voie, Dieu se révèle toujours à l'homme solitaire et recueilli. Ainsi s'opèrera la séparation nécessaire entre la Matière qui vous a si long-temps environnée de ses ténèbres et l'Esprit qui naît en vous et vous illumine, car il fera alors clair en votre ame. Votre cœur brisé reçoit alors la lumière, elle l'inonde; alors ce ne sont plus des convictions en vous, ce sont d'éclatantes certitudes. Le poète exprime, le sage médite, le juste agit; mais celui qui se pose au bord des Mondes Divins, prie, et sa prière est à la fois parole, pensée, action! Oui sa

prière enferme tout, elle contient tout, elle
vous achève la nature, en vous en découvrant
l'esprit et la marche. Blanche et lumineuse
fille de toutes les vertus humaines, arche d'alliance entre la terre et le ciel, douce compagne, qui tient du lion et de la colombe, la
Prière vous donnera la clé des cieux. Hardie
et pure comme l'innocence, forte comme tout
ce qui est un et simple, cette Belle Reine,
invincible, s'appuie sur le monde matériel
dont elle s'est emparée; car, semblable au
soleil, elle le presse par un cercle de lumière.
L'univers appartient à qui veut, à qui sait, à
qui peut prier; mais il faut vouloir, savoir
et pouvoir; posséder la force, la sagesse et la
foi. Aussi la prière qui résulte de tant d'épreuves, est-elle la consommation de toutes
les vérités, de toutes les puissances, de tous
les sentimens de la nature? Fruit du développement laborieux, progressif, continu
de toutes les propriétés naturelles, animées

par le souffle divin de la Parole, elle a des
activités enchanteresses , elle est le dernier
culte : ce n'est ni le culte matériel qui a des
images , ni le culte spirituel qui a des formules; c'est le culte du monde divin. Nous ne
disons plus de prières ; la prière s'allume en
nous, elle est une faculté qui s'exerce d'elle-
même ; elle a conquis ce caractère d'activité
qui la porte au-dessus des formes ; alors elle
relie l'ame à Dieu, avec qui vous vous
unissez comme la racine des arbres s'unit à
la terre ; vos veines tiennent au principe des
choses , et vous vivez de la vie même des
mondes. La Prière donne la conviction extérieure en vous faisant pénétrer le monde Matériel par la cohésion de toutes vos facultés
avec les substances élémentaires ; elle donne
la conviction intérieure en développant votre
essence et la mêlant à celle des Mondes Spirituels. Pour parvenir à prier ainsi , obtenez un entier dépouillement de la chair ?

acquérez au feu des creusets la pureté du diamant, car cette complète communication ne s'obtient que par le repos absolu, par l'apaisement de toutes les tempêtes. Oui la prière, véritable aspiration de l'ame entièrement séparée du corps, emporte toutes les forces et les applique à la constante et persévérante union du Visible et de l'Invisible. En possédant la faculté de prier sans lassitude, avec amour, avec force, avec certitude, avec intelligence; votre nature spiritualisée est bientôt investie de la puissance : comme un vent impétueux, comme la foudre, elle traverse tout, et participe au pouvoir de Dieu ; vous avez l'agilité de l'esprit ; en un instant vous vous rendez présent dans toutes les régions, vous êtes transporté comme la Parole même d'un bout du monde à l'autre. Il est une harmonie, et vous y participez ; il est une lumière, et vous la voyez ; il est une mélodie, et son accord est en vous. En cet état, vous sentirez votre intelligence se développer, grandir, et sa vue atteindre à des distances prodigieuses; il n'est en effet ni temps, ni lieu pour l'esprit; l'espace et la durée sont des proportions créées pour la matière, l'esprit et la matière n'ont rien de commun. Quoique ces choses s'opèrent dans le calme et le silence, sans agitation, sans mouvement extérieur; néanmoins tout est action dans la Prière, mais action vive, dépouillée de toute substantialité et réduite à être comme le mouvement des Mondes une force invisible et pure. Elle descend partout comme la lumière et donne la vie aux ames qui se trouvent sous ses rayons comme la Nature est sous le soleil; elle ressuscite partout la vertu, purifie et sanctifie tous les actes, peuple la solitude, donne un avant-goût des délices éternelles. Une fois que vous avez éprouvé les délices de l'ivresse divine engendrée par vos travaux intérieurs, alors tout est dit, une fois que vous tenez le sistre sur lequel on chante Dieu, vous ne le quittez plus. De là vient la solitude où vivent les Esprits Angéliques et leur dédain de ce qui fait les joies humaines. Je vous le dis, ils sont retranchés du nombre de ceux qui doivent mourir; s'ils entendent leurs langages, ils ne comprennent plus leurs idées; ils s'étonnent de leurs mouvemens, de ce que l'on nomme politique, lois matérielles, et sociétés; pour eux plus de mystère, il n'y a plus que des vérités. Ceux qui sont arrivés au point où leurs yeux découvrent la Porte Sainte, et qui sans jeter un seul regard en arrière, sans exprimer un seul regret, contemplent les mondes en en pénétrant les destinées; ceux-là se taisent, attendent et souffrent leurs dernières luttes. La plus difficile est la dernière. La vertu suprême est la résignation. Être en exil et ne pas se plaindre, n'avoir plus goût aux choses d'ici-bas et sourire, être à Dieu, rester parmi les hommes. Vous entendez bien la Voix qui vous crie : — Marche! marche! Souvent en de célestes visions, des anges descendent et vous enveloppent de leurs chants! Il faut sans pleurs ni murmures, les voir revolant à la ruche; se plaindre, ce serait déchoir. La résignation est le fruit qui mûrit à la porte du ciel.

Combien est puissant et beau le sourire calme et le front pur de la créature résignée. Radieuse est la lueur dont son front est paré! Qui vit dans son air, devient meilleur! son regard pénètre, attendrit; plus éloquente par son silence que le prophète ne l'est par sa parole, elle triomphe par sa seule présence. Elle dresse l'oreille comme le chien fidèle qui attend le maître. Plus forte que l'amour, plus vive que l'espérance, plus grande que la foi, ell est l'adorable fille qui, couchée sur la terre, y garde un moment la palme conquise en laissant une empreinte de ses pieds blancs et purs ; et quand elle n'est plus, les hommes accourent en foule et disent : — «Voyez! » Dieu l'y maintient comme une figure aux pieds de laquelle rampent les Formes et les Espèces de l'Animalité pour reconnaître leur chemin. Elle secoue par momens la lumière dont ses cheveux sont chargés et l'on voit, elle parle et l'on entend, et tous se disent : — Miracle ! Souvent elle triomphe au nom de Dieu ; les hommes épouvantés la renient, et la mettent à mort ; elle dépose son glaive et sourit au bûcher après avoir sauvé les peuples. Combien d'anges pardonnés sont passés du martyre au ciel ! Sinaï, Golgotha, ne sont pas ici ou là ; l'ange est crucifié dans tous les lieux, dans toutes les sphères ; les soupirs arrivent à Dieu de toutes parts ; la terre où nous sommes est un des épis de la moisson; l'humanité est une des espèces dans le champ immense où se cultivent les fleurs du ciel; partout Dieu est semblable à lui-même, et partout en priant il est facile d'arriver à lui.

A ces paroles tombées comme des lèvres d'une autre Agar dans le désert, mais qui, arrivées à l'ame, la remuaient comme des flèches lancées par le Verbe enflammé d'Isaïe, cet être se tut soudain pour rassembler ses dernières forces. Ni Wilfrid, ni Minna n'osèrent parler. Tout à coup, il se dressa pour mourir.

— Ame de toutes choses, ô mon Dieu, toi que j'aime pour toi-même! Toi, Juge et Père, sonde une ardeur qui n'a pour mesure que ton infinie bonté! Donne-moi ton essence et tes facultés pour que je sois mieux à toi! Prends-moi pour que je ne sois plus moi-même. Si je ne suis pas assez pur, replonge-moi dans la fournaise! Si je suis taillé en faux, fais de moi quelque Socnourricien ou l'Épée victorieuse! Accorde-moi quelque martyre éclatant où je puisse proclamer ta parole. Rejeté, je bénirai ta justice. Si l'excès d'amour obtient en un moment ce qui se refuse à de durs, à de patiens travaux, enlève-moi sur ton char de feu! Que tu m'octroies le triomphe ou de nouvelles douleurs, sois béni! Mais souffrir pour toi n'est-ce pas un triomphe aussi! Prends, saisis, arrache, emporte-moi! Si tu le veux, rejette-moi! tu es l'adoré qui ne saurait mal faire.

— Ah! cria-t-il, après une pause, les liens se brisent!

« Esprits purs, troupeau sacré, sortez des
« abîmes, volez sur la surface des ondes lu-
« mineuses! L'heure a sonné, venez, rassem-
« blez-vous? Chantons aux portes du Sanc-

« tuaire pour en dissiper les dernières nuées.
« Unissons nos voix pour saluer l'aurore du
« Jour Éternel. Voici l'aube de la Vraie Lu-
« mière ! Pourquoi ne puis-je emmener
« mes amis ? Adieu, pauvre terre ! adieu ! ».

L'ASSOMPTION.

Ces derniers chants ne furent exprimés ni par la parole, ni par le regard, ni par le geste, ni par aucun des signes dont se servent les hommes pour se communiquer leurs pensées ; mais en la manière dont l'ame se parle à elle-même, car à l'instant où Séraphîta se dévoilait dans sa vraie nature, ses idées n'étaient plus esclaves des mots humains. La violence de sa dernière prière avait brisé les liens. Comme une blanche colombe, son ame demeura pendant un moment posée sur ce corps dont les substances épuisées allaient s'anéantir. L'aspiration de l'Ame vers le ciel fut si contagieuse, que Wilfrid et Minna ne s'aperçurent pas de la Mort en voyant les radieuses étincelles de la Vie. Ils étaient tombés à genoux quand *il* s'était dressé vers son orient, et partageaient son extase ; la crainte du Seigneur, qui crée l'homme une seconde fois et le lave de son limon, avait dévoré leurs cœurs ; leurs yeux se voilèrent aux choses de la terre, et la Foi les ouvrit aux clartés du ciel. Quoique saisis par le tremblement de Dieu, comme le furent quelques uns de ces Voyans nommés Prophètes parmi les hommes, ils y restèrent comme eux en se trouvant dans le rayon où brillait la gloire de l'Esprit. Le voile de chair qui le leur avait caché jusqu'alors, s'évaporait insensiblement et leur en laissait voir la divine substance. Ils étaient dans le crépuscule de l'Aurore Naissante dont les faibles lueurs les préparait à voir la Vraie Lumière, à entendre la Parole Vive, sans en mourir. En cet état, tous deux commencèrent à concevoir les différences incommensurables qui séparent les choses de la Terre, des choses du Ciel. La VIE sur le bord de laquelle ils se tenaient serrés l'un contre l'autre, tremblans et illuminés comme deux petits enfans se tiennent sous un abri devant un incendie, cette Vie n'offrait aucune prise aux sens. Les idées dont ils se servirent pour se dire leur vision, furent aux choses entrevues ce que les sens apparens de l'homme peuvent être à son ame, la matérielle enveloppe d'une essence divine. L'ESPRIT était au-dessus d'eux, il embaumait sans odeur, il était mélodieux sans le secours des sons, car, là où ils étaient, il ne se rencontrait ni surfaces, ni angles, ni air. Ils n'osaient plus ni l'interroger, ni le contempler, et se trouvaient dans son ombre comme on se trouve sous les ardens rayons du soleil des tropiques, sans qu'on se hasarde à lever les yeux de peur de perdre la vue. Ils se savaient près de lui, sans pouvoir s'expliquer par quels moyens ils étaient assis comme en rêve sur la frontière du Visible et de l'Invisible, ni comment ils ne voyaient plus le Visible, et comment ils apercevaient l'Invisible. Ils se disaient : — « S'il nous touche, nous allons mourir ! » Mais l'Esprit était dans l'infini, et ils ignoraient que ni le temps ni l'espace n'existent plus dans l'infini, qu'ils étaient séparés de lui par des abîmes, quoique en apparence près de lui ; mais leurs ames n'étant pas propres à recevoir en son entier la connaissance des facultés de cette Vie, ils n'en eurent que des perceptions confuses appropriées à leur faiblesse ; autrement, quand la **PAROLE VIVE** dont ils n'entendirent que les sons éloignés vint à retentir et dont le sens entra dans leur ame comme la vie s'unit aux corps, un seul accent de cette Parole les aurait absorbés comme un tourbillon de feu s'empare d'une légère paille. Ils ne virent donc que ce que leur nature, soutenue par la force de l'Esprit, leur permit de voir; ils n'entendirent que ce qu'ils pouvaient entendre; encore, malgré ces tempéramens, frissonnèrent-ils quand éclata la VOIX de l'ame souffrante, le chant de l'Esprit qui attendait la vie et l'implorait par un cri dont ils furent glacés jusque dans la moëlle de leurs os. L'Esprit frappait à la PORTE-SAINTE.

— Que veux-tu? répondit un Chœur dont l'interrogation retentit dans les mondes.

— Aller à Dieu.

— As-tu vaincu?

— J'ai vaincu la chair par l'abstinence,

j'ai pleuré mon fiel, j'ai vaincu la fausse parole par le silence, j'ai vaincu la fausse science par l'humilité, j'ai vaincu l'orgueil par la charité, j'ai vaincu la terre par l'amour, j'ai payé mon tribut par la souffrance, je me suis purifié en brûlant dans la foi, j'ai souhaité la vie par la prière; j'attends en adorant, et suis résigné.

— Tu n'entreras pas !

— Que Dieu soit béni, répondit l'Esprit.

Ses pleurs coulèrent et tombèrent en rosée sur les deux témoins agenouillés qui frémirent devant la justice de Dieu.

Tout à coup sonnèrent les trompettes de la Victoire remportée par l'ANGE dans cette dernière épreuve, les retentissemens arrivèrent aux espaces comme un son dans l'écho, les remplirent et firent trembler l'univers que Wilfrid et Minna sentirent être petit sous leurs pieds. Ils tressaillirent, agités d'une angoisse causée par l'appréhension du mystère qui devait s'accomplir. Il se fit en effet un grand mouvement comme si les légions éternelles se mettaient en marche et se disposaient en spirale ; les mondes tourbillonnaient, semblables à des nuages emportés par un vent furieux : ce fut rapide. Soudain les voiles se déchirèrent, ils virent dans le haut comme un astre incomparablement plus brillant que ne l'est le plus lumineux des astres matériels, qui se détacha, qui tomba comme la foudre en scintillant toujours comme l'éclair, et dont le passage faisait pâlir ce qu'ils avaient pris jusqu'alors pour la LUMIÈRE. C'était le Messager chargé d'annoncer la bonne nouvelle, et dont le casque avait pour panache une flamme de vie. Il laissait derrière lui des sillons aussitôt comblés par les flots des lueurs particulières qu'il traversait. Il avait une palme et une épée, il toucha l'ESPRIT de sa palme, aussitôt l'Esprit se transfigura, ses ailes blanches se déployèrent sans bruit. La communication de la Lumière qui changeait l'Esprit en SÉRAPHIN, le revêtement de sa forme glorieuse, son armure céleste jetèrent de tels rayonnemens, que les deux Voyans en furent foudroyés et, comme les trois apôtres aux yeux desquels Jésus se montra, Wilfrid et Minna ressentirent le poids de leurs corps qui s'opposaient à une intuition complète et sans nuages de La Parole et de La Vraie Vie. Ils comprirent la nudité de leurs ames et purent en mesurer le peu de clarté par la comparaison qu'ils en firent avec l'auréole du Séraphin dans laquelle ils se trouvaient comme une tache dont ils avaient honte, et furent saisis d'un ardent désir de se replonger dans la fange de l'univers, pour y souffrir les épreuves, afin de pouvoir un jour proférer victorieusement à La Porte-Sainte, les paroles

dites par le radieux Séraphin. Cet ange s'agenouilla devant le SANCTUAIRE qu'il pouvait enfin contempler face à face et dit :
— Permettez-leur de voir plus avant, ils aimeront le Seigneur et proclameront sa parole.

A cette prière, un voile tomba. Soit que la force inconnue qui pesait sur les deux Voyans eût momentanément anéanti leurs formes corporelles, soit qu'elle eût fait surgir leur esprit au dehors, ils sentirent en eux comme un partage du pur et de l'impur. Les pleurs de Séraphin s'élevèrent autour d'eux sous la forme d'une vapeur qui leur cacha les mondes inférieurs, les enveloppa, les porta, leur communiqua l'oubli des significations terrestres, et leur prêta la puissance de comprendre le sens des choses divines. La Vraie Lumière parut, elle éclaira les créations qui leur semblèrent arides, quand ils virent la source où les mondes

Terrestres, Spirituels et Divins puisent le mouvement. Chaque monde formait un centre où tendaient tous les points de sa sphère ; ces mondes étaient eux-mêmes des points qui tendaient au centre de leur espèce ; chaque espèce avait son centre vers de grandes régions célestes qui communiquaient avec l'intarissable et flamboyant moteur *de tout ce qui est*. Ainsi, depuis le grand jusqu'au plus petit des mondes, et depuis le plus petit des mondes jusqu'à la plus petite portion des êtres dont il se composait, tout était individuel, et néanmoins tout était un. Quel était le dessein de cet être fixe dans son essence et dans ses facultés, qui les transmettait sans les perdre, qui les manifestait hors de Lui sans les séparer de Lui, qui rendait hors de Lui toutes ces créations fixes dans leur essence, et muables dans leurs formes ? Les deux convives appelés à cette fête ne pouvaient que voir l'ordre et la disposition des êtres, en admirer la fin immédiate ; les anges seuls allaient au-delà, connaissaient les moyens et comprenaient la fin. Mais ce que les deux élus purent contempler, ce dont ils rapportèrent un témoignage qui éclaira leurs ames pour toujours, fut la certitude de l'action des Mondes et des Etres, la conscience de l'effort avec lequel ils tendent au résultat. Ils entendirent les diverses parties de l'Infini formant une mélodie vivante ; et, à chaque temps où l'accord se faisait sentir comme une immense respiration, les Mondes entraînés par ce mouvement unanime, s'inclinaient vers l'Être immense qui, de son centre impénétrable, faisait tout sortir et ramenait tout à lui. Cette incessante alternative de voix et de silence semblait être la mesure de l'hymne saint qui retentissait et se prolongeait dans les siècles des siècles. Wilfrid et Minna comprirent alors quelques unes des mystérieuses paroles de Celui qui sur la terre leur était apparu à chacun d'eux sous la forme qui le leur rendait compréhensible, à l'un Séraphîtüs, à l'autre Séraphîta, quand ils virent que là tout était homogène. La lumière enfantait la mélodie, la mélodie enfantait la lumière, les couleurs étaient lumière et mélodie, le mouvement était un Nombre doué de la Parole ; enfin, tout y était à la fois sonore, diaphane, mobile ; en sorte que chaque chose se pénétrant l'une par l'autre, l'étendue était sans obstacle et pouvait être parcourue par les Anges dans la profondeur de l'infini. Ils reconnurent la puérilité des sciences humaines dont il leur avait été parlé. Ce fut pour eux une vue sans ligne d'horizon, un abîme dans lequel un dévorant désir les forçait à se plonger ; mais attachés à leur misérable corps, ils avaient le désir sans avoir la puissance.

Le Séraphin replia légèrement ses ailes pour prendre son vol, et ne se tourna plus vers eux ; ils n'avaient plus rien de commun ensemble ; il s'élança. L'immense envergure de son scintillant plumage couvrit les deux Voyans comme d'une ombre bienfaisante qui leur permit de lever les yeux et de le voir emporté dans sa gloire, accompagné du joyeux archange. Il monta comme un soleil radieux qui sort du sein des ondes ; mais, plus majestueux que l'astre et promis à de plus belles destinées, il ne devait pas être enchaîné comme les créations inférieures dans une vie circulaire ; il suivait la ligne de l'infini, et tendait sans déviation vers le centre unique pour s'y plonger dans la vie éternelle, pour y recevoir dans ses facultés et dans son essence le pouvoir de jouir par l'amour, et le don de comprendre par la sagesse. Le spectacle qui se dévoila soudain aux yeux des deux Voyans les écrasa sous son immensité, car ils se sentaient comme des points dont la petitesse ne pouvait se comparer qu'à la moindre fraction que l'infini de la divisibilité permette à l'homme de concevoir, mise en présence de l'infini des Nombres que Dieu seul peut envisager comme il s'envisage lui-même. Quel abaissement et quelle grandeur en ces deux points que le premier désir du Séraphin plaçait comme deux anneaux, la Force et l'Amour, pour unir l'immensité des univers inférieurs à l'immensité des univers supérieurs. Ils comprirent les invisibles liens par lesquels les mondes matériels se rattachaient aux mondes spirituels. En se rappelant les sublimes efforts des plus beaux génies humains, ils trouvèrent le principe des mélodies en entendant les chants du ciel qui donnaient les sensations des couleurs, des parfums et de la pensée ; ils rappelaient les innombrables détails de toutes les créations, comme un chant de la terre ranime d'infimes souvenirs d'amour. Arrivés par une exaltation inouïe de leurs facultés à un lieu sans nom dans le langage, ils purent jeter pendant un moment les yeux sur le Monde Divin. Là était la fête. Des myriades d'anges accoururent tous du même vol, sans confusion, tous pareils, tous dissemblables, simples comme la rose des champs, immenses comme les mondes. Wilfrid et Minna ne les virent ni arriver ni s'enfuir, ils ensemencèrent soudain l'infini de leur présence, comme les étoiles brillent dans l'indiscernable éther ; le scintillement de leurs diadèmes réunis s'alluma dans les espaces, comme les feux du ciel au moment où le jour paraît dans nos montagnes. De leurs chevelures sortaient des ondes de lumière, et leurs mouvemens excitaient des frémissemens onduleux semblables aux flots d'une mer phosphorescente. Les deux Voyans aperçurent le Séraphin tout obscur au milieu des légions immortelles dont les ailes étaient comme l'immense panache des forêts agitées par une brise. Aussitôt, comme si toutes les flèches d'un carquois s'élançaient ensemble, les Esprits chassèrent d'un souffle les vestiges de son ancienne forme ; à mesure que montait le Séraphin, il devenait plus pur ; bientôt, il ne leur sembla qu'un léger dessin de ce qu'ils avaient vu quand il s'était transfiguré, des lignes de feu sans ombre. Il montait, recevait de cercle en cercle un don nouveau ; puis le signe de son élection se transmettait à la sphère supérieure où il montait toujours purifié. Aucune des voix ne se taisait, l'hymne se propageait dans tous ses modes.

« Salut à qui monte vivant ! Viens, fleur
« des Mondes ! Diamant sorti du feu des
« douleurs ! perle sans tache, désir sans chair,
« lien nouveau de la terre et du ciel, sois lu-
« mière ! esprit vainqueur, Reine du monde,

« vole à ta couronne ! Triomphateur de la
« terre, prends ton diadème ! Sois à nous ! »

Les vertus de l'Ange reparaissaient dans leur beauté. Son premier désir du ciel reparut gracieux comme une verdissante enfance ; comme autant de constellations, ses actions le décorèrent de leur éclat : les actes de sa foi brillèrent comme l'Hyacinthe du ciel, couleur du feu sidéral ; la Charité lui jette ses perles orientales, belles larmes recueillies ; l'Amour divin l'entoura de ses roses ; sa Résignation prieuse lui enleva par sa blancheur tout vestige terrestre. Aux yeux de Wilfrid et de Minna, bientôt il ne fut plus qu'un point de flamme qui s'avivait toujours et dont il était impossible de remarquer le mouvement soutenu par la mélodieuse acclamation qui célébrait sa venue au ciel, et dont les accens firent pleurer les deux bannis.

Tout à coup un silence de mort s'étendit comme un voile sombre de la première à la dernière sphère, et plongea Wilfrid et Minna dans une indicible attente. En ce moment le Séraphin se perdait au sein du Sanctuaire où il reçut le don de vie éternelle. Il se fit un mouvement d'adoration profonde qui remp'it les deux Voyans d'une extase mêlée d'effroi. Ils sentirent que tout se prosternait dans les sphères divines, dans les sphères spirituelles, et dans les mondes de ténèbres. Les anges fléchissaient le genou pour célébrer la gloire; les esprits fléchissaient le genou pour attester leur impatience; on fléchissait le genou dans les abîmes en frémissant d'épouvante. Un grand cri de joie jaillit comme jaillirait une source arrêtée qui recommence ses milliers de gerbes florissantes où se joue le soleil en parsemant de diamans et de perles les gouttes lumineuses, à l'instant où le Séraphin reparut flamboyant et cria : — ÉTERNEL, ÉTERNEL, ÉTERNEL !

Les univers l'entendirent et le reconnurent, il les pénétra comme Dieu les pénètre. L'ange prit possession de l'infini. Les Sept mondes divins s'émurent à sa voix et lui répondirent. En ce moment il se fit un grand mouvement comme si des astres entiers purifiés s'élevaient en d'éblouissantes clartés devenues éternelles. Peut-être le Séraphin avait-il reçu pour première mission d'appeler à Dieu les créations pénétrées par la Parole? Mais déjà l'ALLELUIA sublime retentissait dans l'entendement de Wilfrid et de Minna, comme les dernières ondulations d'une musique finie ; déjà les lueurs célestes s'abolissaient comme les teintes d'un soleil qui se couche dans ses langes de pourpre et d'or. L'Impur et la Mort ressaisissaient leur proie. En rentrant dans les liens de la chair dont leur esprit avait momentanément été dégagé par un sublime sommeil, les deux mortels se sentaient comme au matin d'une nuit remplie par de brillans rêves dont le souvenir voltige en l'âme, mais dont le corps n'a plus conscience, et que le langage humain ne saurait exprimer. La nuit profonde, dans les limbes de laquelle ils roulaient, était le soleil des mondes visibles.

— Descendons là-bas, dit Wilfrid à Minna.
— Faisons comme il a dit, répondit-elle. Après avoir vu les mondes en marche vers Dieu, nous connaissons le bon sentier. Nos diadèmes d'étoiles sont là-haut.

Ils roulèrent dans les abîmes, rentrèrent dans la poussière des mondes inférieurs, virent tout à coup la terre comme un lieu souterrain dont le spectacle leur fut éclairé par la lumière qu'ils rapportaient en leur ame, et qui les environnait encore d'un nuage où se répétaient vaguement les harmonies du ciel en se dissipant. Ce spectacle était celui dont les yeux intérieurs des Prophètes avaient été frappés jadis. Ministres des religions diverses, toutes prétendues vraies, Rois tous consacrés par la Force et par la Terreur, Guerriers et Grands se partageant mutuellement la Terre, Savans et Riches au-dessus d'une foule bruyante et souffrante qu'ils broyaient bruyamment sous leurs pieds; tous **étaient accompagnés de leurs serviteurs et de leurs femmes, tous étaient vêtus de robes** d'or, d'argent, d'azur, couverts de perles, de pierreries arrachés aux entrailles de la Terre, dérobées au fond des Mers, et pour lesquelles l'humanité s'était dès long-temps employée, en suant et blasphémant. Mais ces richesses et ces splendeurs construites de sang furent comme de vieux haillons aux yeux des deux Proscrits.

— Que faites-vous ainsi rangés et immobiles? leur cria Wilfrid.

Ils ne répondirent pas.

— Que faites-vous ainsi rangés et immobiles?

Ils ne répondirent pas.

Wilfrid leur imposa les mains en leur criant : — Que faites-vous ainsi rangés et immobiles ?

Par un mouvement unanime, tous entr'ouvrirent leurs robes et laissèrent voir des corps desséchés, rongés par des vers, corrompus, pulvérisés, travaillés par d'horribles maladies.

— Vous conduisez les nations à la mort, leur dit Wilfrid. Vous avez adultéré la terre, dénaturé la parole, prostitué la justice. Après avoir mangé l'herbe des pâturages, vous tuez maintenant les brebis? **Vous croyez-vous justifiés en montrant vos plaies? Je vais** avertir ceux de mes frères qui peuvent encore entendre la Voix, afin qu'ils puissent aller s'abreuver aux sources que vous avez cachées.

— Réservons nos forces pour prier, lui dit Minna, tu n'as la mission ni des Prophètes, ni du Réparateur, ni du Messager, nous ne sommes encore que sur les confins de la première sphère ; essayons de franchir les espaces sur les ailes de la prière.

— Tu seras tout mon amour !

— Tu seras toute ma force !

— Nous avons entrevu les Hauts Mystères, nous sommes l'un pour l'autre le seul être ici-bas avec lequel la joie et la tristesse soient compréhensibles. Prions donc ! nous connaissons le chemin, marchons.

— Donne-moi la main, dit-elle, si nous allons ensemble, la voie me sera moins rude et moins longue.

— Avec toi seulement, répondit l'homme, je pourrai traverser la grande solitude, sans me permettre une plainte.

— Et nous irons ensemble à Dieu, dit-elle.

Les nuées vinrent et formèrent un dais sombre. Tout à coup, les deux amans se trouvèrent agenouillés devant un corps que le vieux David défendait contre la curiosité de tous, et qu'il voulut ensevelir lui-même. Au-dehors, éclatait dans sa magnificence le premier été du dix-neuvième siècle. Les deux amans crurent entendre une voix dans les rayons du soleil, ils respirèrent un esprit céleste dans les fleurs nouvelles, et se dirent en se tenant par la main : — L'immense mer qui reluit là-bas est une image de ce que nous avons vu là-haut.

— Où allez-vous ? leur demanda M. Becker.

— Nous voulons aller à Dieu, dirent-ils, venez avec nous, mon père ?

Décembre 1833. — Novembre 1835.

FIN DU DEUXIÈME ET DERNIER VOLUME.

TABLE DES MATIÈRES.

	Dédicace.	3
I.	Séraphîtûs.	9
II.	Séraphîta.	61
III.	Séraphîta-Séraphîtûs.	105
IV.	Les Nuées du Sanctuaire.	207
V.	Les Adieux.	273
VI.	Le Chemin pour aller à Dieu.	306
VII.	L'Assomption.	333

FIN DE LA TABLE.

Original en couleur
NF Z 43-120-8

www.ingramcontent.com/pod-product-compliance
Lightning Source LLC
Chambersburg PA
CBHW070900170426
43202CB00012B/2137